利润是管出来的

向管理要利润

陈麒宇◎著

中国财富出版社

图书在版编目（CIP）数据

利润是管出来的：向管理要利润/陈麒宇著.—北京：中国财富出版社，2014.9

（华夏智库·金牌培训师书系）

ISBN 978-7-5047-5316-8

Ⅰ.①利…　Ⅱ.①陈…　Ⅲ.①企业利润-企业管理　Ⅳ.①F275.4

中国版本图书馆CIP数据核字（2014）第179805号

策划编辑	丰　虹	**责任印制**	方朋远
责任编辑	丰　虹	**责任校对**	杨小静

出版发行	中国财富出版社		
社　　址	北京市丰台区南四环西路188号5区20楼　**邮政编码**　100070		
电　　话	010-52227568（发行部）		010-52227588转307（总编室）
	010-68589540（读者服务部）		010-52227588转305（质检部）
网　　址	http：//www.cfpress.com.cn		
经　　销	新华书店		
印　　刷	三河市西华印务有限公司		
书　　号	ISBN 978-7-5047-5316-8/F·2205		
开　　本	710mm×1000mm　1/16	**版　　次**	2014年9月第1版
印　　张	15.25	**印　　次**	2014年9月第1次印刷
字　　数	219千字	**定　　价**	35.00元

序 言

利润是企业的命脉，是企业维系并得以生存与发展的根本。对于任何一家企业而言，无论其处在哪一个行业、在哪一个领域，也不管其有着如何宏伟的目标……能否获得更为丰厚的利润，可以说是它们永恒的使命，也是一切经营活动的主题。

自2008年以来，一场全球金融海啸荡涤着世界的各个角落，很多企业都遭遇了前所未有的困难。2008年9月16日，由于受严重财务危机所迫，有着158年历史的雷曼兄弟公司宣布申请破产保护。这是美国五大投资银行中继贝尔斯登、美林之后倒下的第三个投资银行，华尔街仅存高盛和摩根·斯坦利两家投资银行。在截至2008年11月底的8个月中，新加坡国有投资公司淡马锡控股投资组合的资产价值缩水31%，亏损580亿新元。丰田汽车2008年亏损500亿日元，是其46年来首次亏损。受经济形势影响，因特尔公司对外公布了调整其在华生产运营的计划，涉及上海浦东工厂、成都工厂和大连工厂。松下为了抵御全球经济危机所导致的巨额亏损，裁员1.5万人并关闭全球的27家工厂。

在过去的金融危机面前，不管是实力雄厚的百年名企还是新兴高科技企业，都遭遇了利润危机和生存困局。那么，如何应对危机呢？只有尽一切可能地挖掘利润。越是危难的时候，利润就越发重要。试想，对于一个企业来说，还有什么比利润更重要？没有利润，企业就会面临发展甚至生存问题；没有利润，企业只好缩减经营规模，甚至申请破产保护！

利润是公司的命脉、员工的保障。如果没有了利润，公司就只能垮掉；如果没有了利润，员工的未来难测。在这个世界上不存在不关心追求利润的企业，事实上，我们的每一家企业都在想着各种各样的办法去追求更高的利润。然而令人遗憾的是，在现今竞争激烈的社会环境中，企业的获利点似乎变得越来越少，以至于很多企业主会发出“生意难做”“钱难赚”之类的感慨。确实，在现今的环境下，产品与服务所能带来的利润空间被压缩得越来越小，好像真的没有什么“钱”可赚了。

真的是这样吗？既然如此，为什么在我们的身边有不少的企业仍然能不断地获取利润，得到不断地发展，越做越大、越做越强呢？本书便告诉大家一个清晰而正确的答案，让大家能够对企业利润的来源有一个重新的认知，进而在竞争激烈的微利时代打破微利的困局，撷取更为丰厚的利润，让企业的路越走越远。

作 者

2014 年 6 月

目录

第一章

目标明确：战略计划是企业利润的出发点

一切的管理都是从战略计划开始的，向管理要利润同样也应该如此。因为，只有当企业知道自己能做什么、应该改什么，并有了明确的方向与计划后，才能真正地执行。战略计划，可以说是企业经济利润的导航仪。管理好战略计划，就等于管理好了根本。

了解自我战略目标必须以事实为基础

> 不以事实为基础的战略目标，只会加大企业的经营风险，浪费人力、物力、财力，不能为企业带来任何利润。

企业的战略目标，就是企业的发展方向，获取利润的方向。在制定战略目标时，企业的领导管理者要想获取更好的利润，就必须以事实为基础，从市场环境的变化和企业的实际情况出发，决定扩大哪些业务、压缩哪些业务，确定企业经营结构和产品市场战略。否则的话，战略目标就可望而不可即，没有任何意义。不仅这样，它还有可能使企业在竞争中生存不下去，更不要说获得利润了。这里有一个很典型的案例。

巨人集团的史玉柱立志要做中国的IBM，要做“东方的蓝色巨人”。其产值目标可谓大矣：1995 年 10 亿元，1996 年 50 亿元，1997 年 100 亿元。单从数字上来看，确立这样的目标也并非只有巨人集团一家，IBM、因特尔、微软等大公司在快速成长期也有过每年50 亿元的增长速度，问题的关键并不在于数字应该定多少，而在于巨人集团可以做多好。后来的事实证明，这些目标是不符合事实的。

不仅仅是产值目标，史玉柱所制订的许多目标都是在没有充分考虑企业内外环境下作出的。巨人大厦就是最典型的一例。

巨人大厦是史玉柱有生以来最为重大的投资失误，盲目进军房地产业本来就是错误的，而片面追求全国最高更加大了经营风险。更令人瞠目结舌的是，这么大的工程从 1994 年 2 月动工到 1996 年 7 月，史玉柱竟未申请过一分钱的贷款，全凭巨人集团的自有资金和卖楼花的钱支撑。稍微懂点经济的人都知道，房地产必须有金融资本做后盾，可史玉柱竟将银行搁置一边，全靠自己公司的资金支撑，到1996年5月，这一做法达到了高峰，各个子公司交来2570万元人民币，史玉柱把留下来的850万元资金全部投入了巨人大厦。但这仍然满足不了大厦建设的需要，史玉柱已经感到了资金的严重不足，在1996年下半年，正当他感到需要外援时，国家的宏观调控影响至深，各处都在紧缩资金，形势非常紧张。从资金运作的角度来看，史玉柱应该让巨人大厦停工，将资金投放于已经染上“贫血症”的生物工程，使其恢复元气。然而，他仍然一意孤行，把生产和广告促销的资金全部投入到大厦，结果生物工程一度停产，资金补给线中断。到1996年下半年，巨人集团财务运作日益窘迫，营销状况颓势尽现，员工士气不振，公司管理陷入混乱。可见，是战略本身的失误导致了巨人大厦项目的失败，而巨人大厦的失败也同时绊倒了巨人集团。

上述事实表明，如果战略目标超出了企业的能力所及，与事实脱钩，是无法用于指导行动的。也就是说，不以事实为基础的战略目标，只会加大企业的经营风险，浪费人力、物力、财力，不能为企业带来任何的利润。

而现在，当一个企业的管理者被问及制定战略以及具体执行的过程中是否已经做到实事求是时，往往会毫不犹豫地作出肯定的回答，并举例说明自己看了多厚的材料才制定出了战略，又怎样深入基层对战略进行调整。但事实又是怎样的呢？当施乐公司前总裁理查德·托曼在没有足够人力的情况下同时在公司内发起两个大规模改造的时候，他又是本着以事实为基础的原则在行事吗？事实已经证明，领导者在坚持实事求是的原则方面做得还不够好。有太多的战略只是根据领导者的臆想制定的，又有太多的决策在执行的过程中并没有根据具体情况进行相应的调整，所有的这一切最终都决定了企业陷入败局的命运。

战略目标的制定必须以事实为基础，战略决策的执行也必须是基于“实事求是”的原则而完成的。这是一个众所周知的道理，但遗憾的是人们并没有做好。没有做到或者做好的原因在很大程度上在于对“事实真相”的界定。事实真相到底是什么？是领导者办公桌上那一大摞厚厚的、杂乱无章的材料，或者是下属经理已经经过“润色”的报告，还是股民、媒体等各方面人士抱着各不相同的目的对企业的种种表扬或者批评？在明智的管理者看来，以上所有的这些都不是事实真相，或者不完全是事实真相。他们知道这些文字资料只描述了企业过去的状况，在由下往上的反馈渠道中经常上演欺骗、歪曲事实的丑陋戏剧，而各方面人士的赞扬和批评又有多少是发自内心的呢？他们更相信自己的眼睛——几乎所有明智的领导者都有全身心投入到企业日常运营当中的习惯——他们会实事求是、寻找事实的真相。

不仅领导者自己要坚持实事求是，还要让所有组织成员都把实事求是作为工作的基准。让组织中每一个人都养成实事求是的习惯并不是件容易的事，这不但需要组织成员个人观念的转变和在工作中实践，还依靠领导者的示范和指引。

要明确目标的优先顺序

作为领导者，应先排定实现目标的顺序，选择几个最关键的问题，设定三四个明确、具体的目标，然后集中力量去实现。

向管理要利润，就要求领导者在设定目标时不仅要根据实际情况，而且更加注重目标的明确性和具体性，在制订了目标之后，还要把这些目标排出优先顺序。因为只有明确、清晰的目标才能指明企业的发展方向，才会使每个人都明白自己的任务，并一一完成这些任务，为企业创造更多的利润。

有一家大型零售连锁集团为下属公司制定了发展规划：首先，大力发展电子商务；其次，全面进入亚洲和非洲，在那里设立更多的店铺，到年底要实现销售收入翻一番，使利润增长40%等。但最终由于精力和资金分散，使公司的核心业务受到影响，公司的股票因此大幅下跌，一年之内下降了30%。

但公司并没有对这些目标进行检查，在竞争对手林立、形势非常严峻的情况下，公司高层敦促新上任的中层领导者去世界各地寻找合适的店址，修建更多的店铺，并想以此来挽救公司的衰落。

但这位来自一家执行型企业的中层领导者果断地坚持了自己的立场，他认为公司目前的问题在于目标不够集中，在世界各地设立商店，只会使这一问题变得更加严重。因此，他把改进现有商店的业绩水平，放到了更加优先的位置上。集中公司所有的人力物力，来提高边际利润额和可比销售额。这位中层领导者在店铺数目并未增多的情况下，使公司实现了利润的大幅增长。不到两年时间，公司就回到了正确的轨道上，其股票价格也实现了一倍的增长。

在许多企业里，员工们已经竭尽全力了，但最终却未能完成领导者制订的目标，主要原因是这些目标太烦琐、太模糊了。在制订了目标之后，领导者还需要为目标设定优先顺序。因为，任何一个组织都不可能同时实现多个目标，更不可能全部做好。因此，领导者必须设定目标的先后次序，集中力量做最重要的事。

一方面，如果想要同时执行多个目标，下属、员工必然会发生混乱，弄不清楚自己到底该做什么，结果导致一个目标也没有实现；另一方面，

企业的资源都是有限的，而真正有奉献精神、执着而努力的人也是不多见的。让他们忙于各式各样的事情而没有重点的话，会使他们最终变得平庸。同时，让员工兼任无关紧要的工作，也会引起他们的不满，甚至导致生产效率的下降。事实证明，把精力集中在3～4个目标上，可以最有效地利用企业的资源。

在AT&T电话公司成立之初，该公司的领导者就为公司制订了这样一个宏伟目标：成为誉满全球的电话机供应商。该公司的员工一直以这个目标为努力方向。到了信息技术突飞猛进发展的今天，AT&T电话公司重新制订了他们的总体目标——成为世界性信息管理和革新的主力军。这一明确、具体的目标，为员工的努力指明了方向。

再比如，1990年，沃尔玛制订了这样一个目标：在2000年前，在原有的基础上把商店数目增加一倍，使每平方米营业面积的销售额增加60%。这对于沃尔玛的员工来说，是一个非常明确、具体的奋斗目标，公司从上到下都力求去执行和完成这个目标。

目标太多，执行人员就会感到晕头转向，分不清东南西北，弄不清到底要干什么，结果导致哪个目标都没有实现。许多企业之所以没有取得好的业绩，就是制订的目标太多了，并且没有重点，他们有一大堆目标，到年终时却哪个目标也没完成。

作为领导人，应排定实现目标的顺序，选择几个最关键的问题，设定三四个明确、具体的目标，然后集中力量去实现，这样员工在执行时才能采取更有针对性的行动，最终达成目标。

只有可执行的目标才能创造利润

向管理要利润，就是要求企业既有好的决策，又有好的执行力，这样企业的发展才能步入良性的轨道，创造可观的利润，在竞争中立于不败之地。

《华尔街日报》的一位分析评论家谈论波音公司时说：几乎每一位波音公司的技术人员都可以告诉你一个有关波音公司在临危受命时，为顾客解决难题的故事。例如，当阿拉斯加航空公司急需特殊降落装置，好让飞机降落在泥泞的临时跑道上时，波音公司毫不迟疑地立刻送去。加拿大航空公司飞机的排气管因结冰阻塞而发生故障时，波音公司的工程师立即乘飞机赶到，不分昼夜地从事修理工作，减少航班误点时间。

波音公司之所以可以有效、及时而且妥当地处理客户的麻烦，就是因为每一位波音公司的员工都知道并且深刻理解了公司的目标：为客户服务。如果没有这一明确具体的目标，波音公司员工的这种敬业精神就不可能形成。

1978 年 12 月，意大利航空公司的一架 DC9 型客机在地中海坠毁，航空公司急需一架替代客机。于是，意航总裁立刻打电话给波音总裁威尔逊，提出一项特殊要求：“波音能不能迅速送来一架波音 727 客机?”当时订购这种型号的飞机，至少得等上两年，但是波音公司想尽一切办法缩短时间，使意航在一个月内就得到了急需的替代飞机。为了回报波音公司，6 个月后，意航取消了购买道格拉斯公司 CD10 飞机的原定计划，而转向波音公司订购 9 架波音 747 超大型客机，其价值高达 5.7 亿美元。

企业的目标清晰、具体，在执行时就便于突出重点，也有利于最终目标的贯彻实施。

向管理要利润，就是要求企业既有好的战略目标，又有好的执行力，这样企业的发展才能步入良性的轨道，创造可观的利润，在竞争中立于不败之地。

总之，要提高企业目标的执行力，就必须制订足够清晰、具体的目标。那么，我们如何才能使制订的目标明晰、细化呢？

1. 把战略目标从想法变成现实

有的组织，虽然也有战略目标，但这些战略目标只存留在领导者的头脑中，或者只有领导班子成员知道，而广大组织成员并不知晓。这种战略目标就是一种隐性的战略目标。实践证明，一个隐性的战略目标无论是多么伟大、多么高明，也是很难被有效执行的。只有明晰可见的战略目标，才能成为组织成员前进的方向，才能成为激励组织成员奋斗的力量。

因此，组织的战略目标要想真正得到贯彻执行，就必须提高它的能见度，从隐性走向显性。要让组织中的每一个部门、每一个员工都能清楚地了解组织的战略目标，深刻地理解组织的战略目标，从而使组织成员能够围绕这个战略目标统一思想和行动，形成共识与合力。请看北京人大附中刘彭芝校长是怎样让战略目标从隐性走向显性，并让学校的全体教职员工认同这一战略目标的。

1997 年 6 月 28 日，在民主选举的基础上，刘彭芝被中国人民大学任命为人大附中校长。7 月 3 日，在她上任的第五天，她就在学校图书馆二层的阶梯教室，向全校教职员工宣布了人大附中发展的战略目标——国内领先，国际一流，创世界名校。

正是这明晰可见的战略目标，成了人大附中教职员工奋斗的方向。

2. 制定具体的战略目标

一般说来，战略目标的表达往往比较抽象，如“创建世界一流企业”“提供优质服务”“国内领先，国际一流，创世界名校”，等等。这种抽象的表达，虽然能使组织成员知道奋斗的目的地在哪里，但却很难知道为了实现这一战略目标该如何做，做些什么。因此，战略目标的制定，还要从抽象走向具体，使抽象目标实质化。换句话讲，就是让组织成员能够感知战略目标，能够看得见战略目标。比如，GE 公司的前 CEO 韦尔奇就将“提高产品质量的战略目标”表达为：“在 5 年之内，GE 公司的产品质量达到六西格玛的品质要求。”对此，GE 前董事长波西迪认为：“GE 公司提高产品质量的计划这才开始具有真正的内涵，而不只是停留为口号。”抽象的目标具体化之后，使 GE 公司的产品质量显著提高，从而发挥了目标对行为的指导作用。也就是说，大家知道如何去做了。

聚焦市场，找准自我的竞争方向

对任何的一家企业来说，只有进入市场才能获利，要做大做强就必须持续不断地获取利润。然而，怎样才能做到这一点呢？从一些成功的企业身上，我们可以得到一个答案，那就是它们无一不是密切地关注市场，并且从市场出发，寻找到属于自我的生存与发展空间，继而做大做强的。

任何一家企业都不可能成功地通过为所有的人做所有的事而获得竞争优势，要做大做强，就必须在了解市场的基础上，根据自身的实力选择一

种能为企业带来竞争优势的战略。那么，私营企业的经营管理该如何确定企业的竞争方向，这就需要考虑到下面几个方面的因素。

1. 分析环境

企业所面临的环境是其管理行动的主要制约因素，因此对环境的分析就成了竞争规划步骤的关键要素。这是因为企业的环境在很大程度上决定了领导者可能的战略选择，成功的战略必然是与环境相适应的。

每一个企业的领导者都必须分析其所处的环境，了解市场竞争的焦点，拟议中的法律、法规对企业可能造成的影响，以及企业所在地的劳动供给状况等。最重要的是要准确把握环境的变化和发展趋势及其对企业可能产生的影响。

2. 分析企业资源

企业的员工拥有什么样的技巧和能力？企业的现金状况怎样？在开发新产品方面，企业是不是一直都很成功？公众对企业及其产品或服务的质量有什么反应？

对企业资源的分析促使领导者认识到，无论多么强大的企业，都会在资源和技能方面受到某些限制。例如，一家较小的汽车制造商，不可能仅仅因为看到了微型客车市场的机会就贸然制造微型汽车，因为它没有足够的资源保证自己能够成功地进入微型客车市场，去和像克莱斯勒、福特和丰田等这样的大汽车公司竞争。

3. 识别优势和劣势

企业领导者只有对组织的优势和劣势有一个明确的认识，才能够识别企业的与众不同的能力在哪里，也就是可以作为组织的竞争武器的独特技能和资源是什么。分析企业优势和劣势的关键，是理解企业文化和力量以

及它们赋予领导者的责任。特别是领导者应该认识到，文化的强弱以及文化的内容都对竞争战略有着相当大的影响。

接下来，就让我们一同来看看美国西南航空公司是如何聚焦市场，找到自我的竞争方向，进而获取属于自我的利润空间的。

在1992年，美国航空公司损失达20亿美元，比令人沮丧的1991年没有丝毫好转的迹象。这也使得美国航空公司进入20世纪90年代以来，赤字总额累计达到80亿美元。TWA、大陆、美国西方三家航空公司已经破产。

然而，就在美国航空业一片萧条的气氛之中，一家名不见经传的小企业——西南航空公司却异军突起，它在1992年取得了营业收入猛涨25%的佳绩，这实在令人难以置信。

率领西南航空公司创造神话的是赫伯特·克莱尔，正是他所制定的战略使得西南航空公司取得了显著的成功。该公司为中型城市和大都市的次要机场之间，提供短程、低价和点对点的服务。它避开了大机场及长距离的飞行，以商务旅客、家庭、学生等为目标顾客。它还以频繁的班次与低价，来吸引那些对价格敏感的顾客。否则，那些顾客便会以巴士或汽车代步，而寻求便利性的旅客，往往也会在其他航线上选择能提供完整服务的航空公司。

在叙述他们的竞争战略时，大多数经理人会说："西南航空公司为注重价格和便利的旅客提供服务。"但是战略的本质存在于活动之中，即公司应选择以不同的方式来执行活动，或执行与竞争者不同的活动。否则，战略就仅仅是一句营销口号，经不起竞争的考验。

那些致力于为顾客提供全套服务的航空公司的构想是，尽可能让乘客舒舒服服地从一个地方抵达另一个地方。为了到达那众多的目的地，满足旅客的转机需求，提供全套服务的航空公司以大机场为中心，成立辐射状的营运系统；为了吸引追求舒适的乘客，航空公司还提供头等舱和商务舱

的服务；为了给必须转机的旅客提供便利，它们还必须为乘客协调班机和行李转运的时间；再加上有些乘客属于长途飞行，航空公司还需要供应餐点。

西南航空公司则正好相反，它的所有活动都朝特定航线、低成本、便捷服务的方向设计。该公司的登机时间通常不超过15分钟，这使得它可以比竞争者飞行更长的时间，并用更少的飞机承飞同样多的航班。西南航空公司也不供应餐点，不受理指定座位、跨航线行李转运或高级舱位的服务。它在登机门前设置自动售票机，使顾客不必通过旅行社购票，这也省掉了西南航空公司的中介费。而标准化的波音737机队，提高了维修的效率。

西南航空公司以一系列精简的活动，发展出一套独特而又有价值的竞争战略。在该公司经营的航线上，其他提供全套服务的航空公司，根本无法提供如此便利或低成本的服务与它竞争。

根据环境的变化及时调整目标

企业要想在复杂多变、竞争激烈的经营环境中生存下去，并创造可观的利润，就必须根据外部环境和内部条件的变化及时调整企业的既定战略目标，采取有效的对策和措施。

世界上唯一不变的就是无时无刻不在变化，在多边的市场环境中，原有的目标很有可能不再具有指导性了。作为企业的经营者要想创造更好的利润，如果不对目标进行调整，依然按照原来的目标去经营管理，不但无法实现目标，甚至可能遭遇更大的经营风险。这也就是许多公司在发展到一定的阶段后再难以有所作为，陷入生存发展的困境，甚至被市场残酷淘汰的主要因素之一。

51 岁的高尔文是摩托罗拉公司创办人的孙子，是公认的好人，个性温和，为人宽厚。1997 年，他接任公司的 CEO。自 2000 年以后，摩托罗拉的占有率、股票市值、公司获利能力连连下跌。公司本是全球移动通信业的龙头，但在全球移动通信市场的占有率却只有 13% 。2001 年第一季度，摩托罗拉公司更创下了 15 年以来第一次的亏损纪录，是什么原因造成摩托罗拉的衰败？除了全球经济不景气以及大环境的种种不利影响以外，公司 CEO 高尔文也应承担一定的责任。高尔文很少采取措施了解公司的经营状况，也不清楚员工的落实情况。他一个月才和高级主管开一次会，在写给员工的电子邮件中，谈的尽是如何平衡工作和生活。

几年前，摩托罗拉准备推出一款叫“鲨鱼”的手机。在讨论进军欧洲的计划时，高尔文问：“市场资料真的支持这个决定吗?”行销主管回答“是。”但事实却令行销主管和高尔文大吃一惊，随着文化理念的变革，欧洲人更喜欢轻巧、简单的机型，而“鲨鱼”却太厚重了，结果在欧洲市场节节败退。

在“鲨鱼”事件中，高尔文在对预定目标进行调整方面的乏力暴露无遗，但他并没有吸取教训，仍然保持着对环境变化的“后知后觉”。摩托罗拉曾经宣布，要在 2000 年卖出一亿部手机，却没有达到这个目标。

作为一个领导者，制订目标容易，把目标分下去也容易，难就难在能跟踪工作的进展，发现问题时及时调整目标。如果不随时了解工作的执行情况，并对目标给予适当的调整，落实工作是很难顺利进行的。当然，当意外情况发生时，领导者也不能一律以降低目标“论处”，最关键的是找到问题并加以解决。

当市场已经发生变化的时候，企业的领导者应看到先前的目标已经不

妥，应勇于承认昔日成功的方法已经过时了，然后根据环境的变化制订新的目标，采取新的方法。如果坚持原有的目标，固守着昔日的辉煌，那企业就不可能获得利润，甚至会自取灭亡。当环境发生改变时，在企业是否需要改变这一问题上，根本没有选择的余地——企业必须根据事实真相作出改变。

包玉刚在初涉航运业时，多数船主采用的是"散租"的方式，这种方式租期短，可根据运输行情变化及时调整租金，在航运兴隆时期最容易赚钱。

在20世纪60年代航运的巅峰时期，挪威船王耶图坦只散租了一程由波斯湾到欧洲的短途运油线就赚了500万美元。而包玉刚宁可不赚这种厚利，摒弃了"散租方式"，采取了"低廉租金，长期租赁"的经营方针。包玉刚的做法受到许多船主的嘲笑，说他是"初出茅庐的傻瓜"。

包玉刚真是其他船主所认为的傻瓜吗？不，绝不是。包玉刚是在冷静分析内外环境以后作出这一决策的。他说，做任何事情，每个人都必须根据自己的实际情况决定行动方针。一些航运公司有许多老关系、老客户，甚至有国家作后盾，所以，他们不明白自己所担的风险，可以采取"散租"方式。而我们完全是靠自己的力量起家，对造船和航海知识几乎一无所知，也没有相对稳定、熟悉的客户，经不起大的风险，弄不好连饭碗都砸了，不能不谨慎从事。

"散租"虽然赚钱多，但风险也大，一旦船租不出去，船东就要遭受巨大的经济损失。一艘巨轮即使一动不动地停在海上，每天开支就需要几万美元。

事实证明，包玉刚的分析是正确的。航运业风险很大，价格几次暴涨暴跌，那些追求短期暴利，采取"散租"形式的船东在航运业衰退时往往难以为继。例如1975年世界航运业出现衰退，挪威船王耶图坦的十几艘巨轮无人租用，使77岁的老船王如坐针毡。而包玉刚的船租期一般为4～5年，市场波动对包玉刚影响不大，可稳获租金。

当航运业低潮过去之后，一些船东也学包玉刚的方法，实行“长租”的经营方针。而这时包玉刚却反其道而行之：新船出租，旧船自营。因为新船租金高，而旧船自用，效果一样。他认为：现在情况不同了，船队扩大了，不能再实行全部船只出租，必须自营一部分，以便熟悉航海业务，航运价格高时可赚大钱，价格低时稳收租金。更重要的是，如果要实现自己的“世界船王”梦，光靠租赁公司是不行的，还必须拥有自己庞大的海运王国。

包玉刚就是这样认真分析自身条件和客观环境，选择同客观条件相适应的经营方针，当行则行，当止则止，当变则变，既不随大溜，也不沉迷于自己的成功经验，仅用了20年的时间，就登上了世界船王的“宝座”。到1977年，他的环球航运集团的总载重为1347万吨，居世界十大船王之首。

随着时代的变迁，经营环境、市场环境发生了根本性的改变。想要掌握环境变动下的商机，并始终保持市场永续经营，企业就必须跟上时代潮流，学会适应环境的变化，而不是一味消极地试图抵挡此潮流。

企业能否根据自身的不同情况，确定不同的经营管理模式，并随时根据环境条件的变化加以调整，既是对企业领导经营管理素质和能力的考验，也是企业能否创造更多利润的重要因素。

可以这么说，企业经营环境的变化无所不在，而且其动态的外部环境中任何一个因素都可能发生变化，或大或小、或早或晚、或直接或间接地对企业的生命周期及其各阶段产生不同程度的影响。企业要想在复杂多变、竞争激烈的经营环境中生存下去，并创造可观的利润，就必须根据外部环境和内部条件的变化及时调整企业的既定目标、计划、战略与策略，采取有效的对策和措施。

敢于确立宏伟的甚至冒险的目标

> 作为公司的领导者，是否具备冒险精神和敢于尝试的勇气对一个公司将产生巨大的影响，一个有胆识、敢于冒险之人，为企业带来的利润将是无法比拟的。

20世纪60年代，当时肯尼迪总统和他的顾问们正在致力于研制登月计划的实施，科学界则普遍认为登月计划成功的可能性最多不超过50%。实际上，大多数专家持更悲观的态度。肯尼迪在1961年5月25日发表的声明中说："这个国家应该不遗余力地为实现这个目标而奋斗，也就是说，争取在这个十年结束之前把一个人送上月球，并让他安全返回。"这意味着要立即拿出5.49亿美元，而且在以后五年中还得花费数十亿美元来投入这个计划。在当时的困难处境中，这一大胆的决定太令人难以接受了，但是肯尼迪的这项声明得到了国会的支持。然而，正是这一决定使美国摆脱了20世纪50年代和艾森豪威尔时期委靡不振的状况，开始大踏步地前进。

实际上，许多成功的人士也许并没有超人一等的能力，但他们都有异乎常人的远大目标，这种目标使他们能够超越目前平庸的生活，而去追逐更大的成功。对于企业来说也是这样，如果在企业已经小有所成的时候，领导者却仍然盯在目前的经营范围和成就上，企业往往不会有更好的发展，甚至可能会在激烈的竞争中走向灭亡。因此，作为企业的领导者，要明白一个道理，企业要想不断地创造利润，就必须要有冒险的精神，敢于确立宏伟的目标，并为了实现目标而不断努力。

索尼公司是世界上有名的生产通信和电子产品的公司。可是在最初它只能算是一家小作坊罢了。唯一和大公司相像的地方是索尼公司的领导人盛田昭夫精力充沛，胆略过人，对未来充满了理想，这一点和大公司的领导人极其相似。

20世纪50年代末，索尼公司名字叫东京通信工业公司，该公司虽然号称生产通信产品，但实际上只能生产一些通信的配套产品。在奋斗10年以后，盛田昭夫决定将公司改名为索尼公司，这家公司的银行反对这样做，它坚持说这个名字已经用了10年，好不容易在日本的通信市场上有了一席之地，放弃这个名称会前功尽弃。但盛田昭夫说："我们公司迟早是要走进世界市场的，没有一个响亮的名字是不行的。原来的东京通信公司一听就是一个地方性公司，所以必须加以改变。"

那家银行充满了嘲讽："我看还是等你走出去再说吧！"

面对这种嘲笑，盛田昭夫毫不动摇，坚持把公司名改变成索尼。几十年以后，索尼公司的名字已经家喻户晓，盛田昭夫终于实现了自己的理想。

索尼的发家是从制造晶体管收音机开始的，这同样反映了索尼公司非同凡响的气魄。盛田昭夫说："虽然我们的公司还很小，而且我们把日本看作一个巨大的，有很大开发潜力的市场，但是我最终认识到，如果我们不把目光对准国外市场，那么我们永远不能发展成我所设想的那种公司。日本产品在世界上以质量次闻名，我们要改变这种状况。"

从索尼公司的发家史来看，在索尼还是一家小公司的时候，就不但要冲出日本，走向世界，而且还想替名声不佳的日本公司出口气，挽回日本公司的名声，这是多么大的气魄，对于任何只有几十个人的公司而言，这绝对是天大的目标。

索尼确定这个目标以后，就开始在全世界寻找机会。1952年，索尼公司开始在世界上第一个生产晶体管收音机。这是一种可以装在衣服口袋里

的收音机，因此可能成为世界性的流行产品。在20世纪90年代，人们已经对各种各样的袖珍产品司空见惯，但在50年代这绝对是时髦的象征。制造这种新型收音机，要克服难以想象的困难，要经过许多失败，对于像索尼这样的小公司，这绝对是一个挑战。

但是被一个强大信念支配的索尼公司，决定要进行这样的尝试，而且一定要成功。当公司的前任领导井深大将索尼的决定告诉公司的一位顾问时，这位顾问说："晶体管收音机？你没开玩笑吧，即使在美国，晶体管也只是用于资金不存在问题的防务领域，即使你生产出这样的收音机，造价那样昂贵，谁又能买得起呢？"

但索尼成功了，就是靠开发晶体管，索尼成为世界上最杰出的电子产品的公司之一。

索尼的成功首先是因为领导者远大的理想和信念，这种信念把索尼和其他的小公司区别开来，使索尼能够迎接技术革命，获得大的发展。其次，索尼公司的成功还取决于为了这样的成功而坚强的斗志，如果没有坚强的决心，索尼不会冒着破产的危险去实验，但如果不是这样，索尼现在也许还在通信领域修修补补。

因此，作为公司的领导者，是否具备冒险精神和敢于尝试的勇气对一个公司将产生巨大的影响，一个缩手缩脚、毫无胆略之人，是不会带领员工共同为企业创造利润的；而一个有胆识、敢于冒险之人，他们带给企业的利润将是无法比拟的。

但这并不是说，领导者只要敢想敢做，敢于确立高远的目标就可以了。作为公司的领导者，在确立宏伟目标时，要考虑和衡量风险与利益的关系，确信获得的利润大于风险，成功机会大于失败机会时，才能执行目标，努力去实现目标。否则，赔上的就不只是自己的损失，还有公司的利润以及公司里员工的利益。

因此，作为企业的领导者必须清楚地明白风险的程度，并分析风险与成功的可能性，不鲁莽行事。若成功与失败清楚地摆在面前，只需选择其一，那不算风险。但当前面的路途一片迷茫，你跨过去时，可能会让公司掉进陷阱、深谷里，但也可能带领公司踏上一条康庄大道，很快实现公司的目标。或停步，或前进，必定要做出选择。

此外，单凭一个宏伟的、大胆的、冒险的目标就可以使企业创造出利润，这是天方夜谭，绝不可能的。重要的是，企业的领导者能带领员工为了这个目标不断地努力，克服遇到的挫折和困难。只有高度专注和坚韧不拔的努力，才能摆脱持续不断的失败，才能克服达到目标的众多困扰。

第二章

按图索骥：向管理要利润应从招聘开始

在《天下无贼》中，葛优所扮演的黎叔曾说过这样一句话：“21世纪最重要的是什么？人才！”没错，人才是企业的根本，是企业最为宝贵的财富。因为人是财富的缔造者。但要记住：只有真正适合企业的人才才是财富，而不适合的却是债务。因此，企业的领导者在经营管理中，为了能够获得更为丰厚的利润，就不能忽略对人才招聘工作的管理。

到底需要什么样的人才

> 对任何的企业来说，无论它所处的是哪一领域，也不管采用的是哪种商业模式，真正能给企业带来利润，决定企业获利能力大小的归根结底在于人，在于让什么人去做这些事，做这件事的人是不是真正地适合做这件事，有没有能力把这件事做好。

在招募、挑选人才的时候，上司所要注意的一点便是，一定要确定合适的门槛，选择适合的才是最好的。因为，上司之所以招募、挑选人才，就是想用最小的成本换来最大的利润产出，使利益最大化。这一点对能否挑选到适合于自我的下属起着至关重要的作用，所以，当上司在招募、挑选下属时，要从以下几个方面进行考虑。

1. 选人门槛定多高

本单位需要什么层次的人才？什么层次的人才能够满足单位发展的需要？要回答需要什么层次的人才很难，而确认不需要什么样的人却相对容易得多。一般企业在招聘时都把“大专以上”学历作为录用人才的门槛，非大专以上学历莫入。企业招聘的管理人员、研发人员、营销人员要求有大专以上学历，文秘、行政人员要求有大专学历，甚至酒店招聘保洁人员也要求有大专以上学历。敏感之士惊呼：企业在人才招聘和使用上陷入高消费怪圈！

我们暂且不去争论人才高消费的利与弊，使我们感兴趣的倒是为什么人才高消费会是比较普遍的社会现象，是什么因素支撑着整个社会的人才高消费？某书店原来招聘高中毕业生做理货员，后来由于求职者太多，于是挑肥拣瘦，把门槛由高中毕业改为大专毕业。试想高中生和大专生的待遇几乎没有区别，而大专生的学识和产出要远远大于高中生，书店有什么理由弃大专生不用而用高中生？水涨船高，在中、初级人才供大于求的背景下，人才高消费在所难免。

木桶理论认为，木桶的盛水能力取决于最低的那块木板的长度，最低的那块木板如果很长，与其他木板接近，那么整个木桶盛水就多；如果木桶最低那块木板很短，与其他木板相差悬殊，纵使其他木板很长，整个木桶可容纳的水量也非常有限。

2. 用生手抑或熟手

企业用人时都喜欢熟手，这种心态在各种招聘广告中暴露无遗，企业要求岗位招聘对象有 2 ~ 4 年的工作经验，甚至招聘一般文秘人员也要求其有几年的工作经历。

偏爱熟手反映了企业的拿来主义情结：我不想培养人才，也不想在培训上下功夫，最好其他企业或社会代我培养，等你培养好了以后再为我所用。由于企业的这种普遍的懒惰心理和竞相抢夺，炒热了熟手的身价，同时贬低了生手的身价。一个优秀的刚出校门的大学毕业生，当他怯生生地敲开公司大门时，企业给出 1000 元的薪水就可以令他激动不已；而对一个素质平平但有两年工作经历的跳槽下属，2000 元的薪水却难以使他忘我工作。两者之间的工作经验的差别，优秀毕业生一个月时间的实践就可以填平；而两者创造力的差别，素质平平的有经验者穷其一生也难以拉齐。

从选拔优秀人才和节省人力成本的角度看，选择生手比选择熟手更可取。生手要价低，企业由此可以节约一大笔用人成本；生手不被人注意，里边沉淀着优秀选手，这些人稍经培训开发，就会成长为对企业忠诚度极高的优秀人才。难怪一些优秀企业特别是外企青睐高校，每年到高校举办专场招聘会，在赞助高校奖学金上慷慨解囊、一掷千金。

在信息爆炸、知识日新月异的新经济时代，经历、经验开始贬值，持续的创新能力才是企业对下属的最本质要求。

3. 用最合适的人胜过用最好的人

一些企业常常强调需要最优秀的人才，但世界上没有绝对的最优秀人才，企业更需要合适的人才。

企业非常需要那些具有敏锐观察力、独特的见解、创新的理念、挑战卓越的勇气、非凡的执行能力和善于沟通的领导管理者能力的人才。但是，企业更需要能够认同企业的价值观，接受企业文化，具备企业所需要的工作能力和专业能力，自律守纪，能够完成各项工作，具备良好的沟通能力、合作精神和学习热情的下属。

因此提高人力资源效益是企业经营的重要课题，对领导管理者来说，合适的人才最为重要。

我们强调部门成员的多样化，每一支队伍都需要不同类型的人才来组成，充分发挥每个成员的非常之才，这样，这支队伍才有能力创造灿烂多彩的生活，应对不断变化的世界。

知人善任是企业管理的核心，是企业全体领导管理者的重要工作和共同责任，而不应仅仅是领导管理者或人力资源管理部门承担的一项工作。企业通过外部招聘、内部培育和选拔，取得这两类人才，并且将他们放在最合适的岗位上，“贤者在位，能者在职”，促使这两类人才能够互相补充，产生倍增的作用，“才得其序，绩之业兴”。

领导管理者要辨识企业自身经营和发展对人才的需求；寻找企业需要的合适人才；建立内部的人才激励机制，包括由下属共同参与的下属职业规划和技能发展，积极鼓励内部和外部的人员有序流动；保证每一个岗位都使用最合适的人才和储备具有能力的继任人才资源。围绕上述任务建立起完善的管理制度，并且能够采用先进的管理工具和发挥人力资源管理人员的专业作用。

但是，用人体系还应当具有一定的灵活性，能够有区别地对待不同的人才，制定不同的策略，应用不同的方法，从而能够有利于识别、发现、培育和使用各类人才。

通常，最具创造性的人才，很难用常规方法去发现和造就，常规的人才资源管理制度或许反而会起到一定的阻碍作用，阻塞创造性人才的发现和限制创造性人才能力的发挥。这是一种管理的悖论，一方面我们不断追求管理的制度化、规范化；另一方面又需要打破传统，推动变化。

慧眼识英雄。领导管理者要能够识别和鉴赏人才，敢于突破固有的思维模式，推动人才竞争的机制，发现、鉴别和培养内部的人才。这不是说企业不要建立一种完全开放的人力资源观念，吸引更合适的外部人才，但我们必须更加关注于内部。

分析资料证明，卓越企业的关键性人才，大部分出自企业的内部。同时更为重要的是，如果企业没有形成发现人才和培养人才的机制，没有适合人才发挥最大价值的生态环境，即便引进了人才，也不可能发挥其作用，引进的人才也会因企业现有的环境履行而失去价值。因此，合理地使用人才、培育人才和留住人才，形成有利于人才发展的环境和文化，不仅仅是领导管理者的一项管理职能，更是企业文化的核心组成部分。

领导管理者必须围绕企业发展的战略目标，发现和培养具有潜能的人才，根据人才的类型不同，给予区别的对待，发挥他们各自的作用，形成企业以人才架构为中心的核心竞争能力，使企业在市场竞争中立于不败之地。

招聘要灵活，没有唯一的选人标准

世上没有一成不变的事情，而变化才是世界永恒的主题。因此，领导者在招募、选择人才的时候，应当灵活应变，为企业寻求适合的人才。

对于企业来说，只有适合的员工才是最好的，因为合适的人才能为企业做出更大的贡献，使企业创造更多的利润。那么怎样才能招到合适的员工呢？这就要求企业的领导者在招聘管理中，要灵活，根据实际的情况加以变化，以求能寻求到更为适合的人才。以下便是领导者在招募、选择人才时，应当有所伸缩，可以灵活变化的地方。

1. 文化程度

近年来企业招聘人才对学历的要求越来越高。仔细想一想，这种人才“高消费”的做法未必合适。往往有这样一些现象，一些企业招聘了一批又一批人员，经过一段时间才发现，由于各种原因造成的留存人数很少。只好继续招聘，周而复始地造成了人力物力的很大损失。

早在20世纪50年代，松下幸之助就认识到，公司应招募适用的人才，层次过高，不见得就合用，“适当”这两个字是很要紧的。

20世纪60年代，盛田昭夫的《让学历见鬼去吧》可谓一鸣惊人。因为，当时的日本还沉浸在一种过于重视文凭的氛围中，盛田昭夫的这一创新使得索尼人才济济。

索尼公司不仅拥有众多的科技人才，还特别重视选拔和配备具有高度创新精神的经理班子。在选拔高级管理人员这个问题上，索尼从不雇用那些仅仅能胜任某一个具体职位的人，而是乐于起用那些拥有多种不同经历、喜欢标新立异的实干家。索尼公司也从不把人固定在一个岗位上，而是让他们不断地合理流动，为他们能够最大限度地发挥个人的聪明才智提供机会。在这样的环境中，索尼人特别乐于承担那些具有挑战性的工作，个个积极进取，人人奋勇争先，整个企业始终充满了生机和活力。

所以，高学历不等于高能力。在招聘中，领导者不要只看重文化程度，要注重一个人的能力，看他是不是一块好材料，有没有发展潜力。

2. 经验和资历

在招聘工作中，很多企业领导者希望聘用有工作经验的人，并且认为资历经验越老越好。他们认为有经验的人进了公司，上手快，不用培训就可以直接参与工作，相比新人可以为企业创造更多的效益。其实，具有了实际工作经验，也未见得能力就强，创造性就高。

阅历、经验，当然是年长者多一些，但这并不等于“实力”。松下提出的“实力”概念是很有意味的。他认为，有实力，不仅要能知，而且更要能行，知行合一，才是实力的象征。

年长的人也许能知，但往往力不从心，未必能行。相比较而言，还是三四十岁的人更具实力。有实力的人，当然应委以重任。然而，一个大公司由于有各种各样的职位，其中一些还是颇适合年龄大的人的。但面对困难时的攻坚、冲刺，就非年轻人不可了。松下认为，国家遇到困难，公司遇到困境时，要靠年轻人的力量才能突破难关。其原因，正是因年轻人更具备潜力。

新进人员，尤其是年轻人，他们在新的环境中雄心勃发，有一展身手的欲望。企业领导者如果能充分利用这一点，开掘新人的潜力，就一定会

使企业获得丰厚的利润，并会使企业前景辉煌。

3. 能力和知识

汽车大王亨利·福特曾经说过这么一句话："越好的技术人员，越不敢活用知识。"

在面对一个工作时，一个人如果对有关知识了解不深，他会说："做做看。"于是着手埋头苦干，拼命地下功夫，结果往往能完成相当困难的工作。但是有知识的人，常会一开头就说："这是困难的，看起来无法做。"这实在是画地自限，且不能自拔的现象。所以有"知识阶级是弱者"的说法。

今日的年轻人，多受过高中、大学的教育，所以有相当的学问和知识。由于现代社会的变迁，分工很细，公司的工作项目也越来越繁杂，所以年轻人具备高程度的学问知识，在某种程度上来说，是必要而且是很好的事。但重要的是不要被知识所限制，也不要只用头脑考虑太多，要决心去做实际的工作，然后在处理工作当中，充分运用所具备的知识，这样的话，学问和知识才会成为巨大的力量。

在实际工作中常常可以发现，一些工程技术人员虽然学历不高，却往往具有较深的专业知识和较强的实际工作能力，相反，一些高学历人员，虽然各方面都表现不错，却没有强烈的个性，与他们谈话留下的印象不深。一个人实际工作能力的高低，并不能单从学历或应聘时笔试、面试的成绩，就可以看得出来的。

4. 心理素质和工作态度

现代经济社会的竞争是激烈与残酷的，而这势必给每一个企业每一个下属造成强大的压力。企业是否顶着压力前行，是否在竞争中脱颖而出，不仅看下属的技术水平和工作能力，还要看其是否具备良好的心理素质。

在聘任新下属时，领导者是否考虑过这些问题：新招进来的下属是否具有创造才能和创造精神？是否能领导管理者和训练他人？是否能在部门中工作？是否能随机应变并善于学习？是否具有工作热情和紧迫感？在重压之下能否履行职责……在一些发达国家，如美国、日本、英国等越来越重视对下属心理素质的考察，并通过一系列心理素质测验来判定招聘对象心理素质的高低。他们认为，这是一个可以减少冒险，促进做出完美决定的过程。凡此种种，目的只有一个：就是要找到心理素质较好的人才。

一个真正意义上的人才应是德才兼备的。才，无可置疑，就是反映在工作能力和心理素质上；而德，一般来说就是从工作态度中体现出来。良好的工作态度，往往能为个人带来工作激情和动力，从而提高工作效率。当然我们不能将工作态度简单地和工作绩效联系在一起，还必须考虑到企业环境的各种具体条件的影响，这是企业在日常经营管理时所应该考虑和处理好的客观因素，而在进行人员招聘时，应聘者所持有的工作态度，却是我们不得不考虑的主观因素。由此为本企业、部门选拔到具有良好工作态度的人才，必将能使以后的经营管理工作事半功倍。

5. 人格与专业知识

在商场上，不仅知识和技术重要，同时更应以正义的立场、公正无私的方式，来表现高尚的人格，这也是用人的一个要诀。领导者在招聘中，不要一味地考虑应聘者的专业知识，更应该注重他的人格。一个员工即使有再好的专业知识，如果人格上有问题，那也不能用，因为这样的人不可能在企业踏实地干下去，也不可能长久地为企业做出贡献。相反，如果一个人专业知识差一些，而有完美的人格，那么可以录用这样的人，专业知识可以在平常的工作中积累和提升。

无论怎样，作为一名领导者，在招募、选择员工的时候，一定要小心谨慎，力求能寻求到合适的人才。招聘时的一些标准，比如学历要求、工

作经验、特定专业等，虽然在招募、选择下属时能起到一定的作用，但并非是只要按着这些标准就一定能找到所期望的人才，因为世上没有一成不变的事情，而变化才是世界永恒的主题。因此，领导者在招募、选择人才的时候，应当灵活应变，为企业寻求适合的人才。

找准招聘信息发布平台

有效的信息发布，能够加强对于合适劳动者的吸引力，大大提高招聘效率，从而降低人才招聘时的成本。

企业在做出招聘决策之后，就可以开始发布招聘信息了。发布招聘信息的时间、方式、渠道与范围都是根据招聘计划确定的。有效的信息发布，不仅能够加强对于合适劳动者的吸引力，大大提高招聘效率，还可以降低因招聘而带来的成本。怎样去做？这就需要企业的领导管理者根据不同的招聘渠道来发布招聘信息。

一般来说，招聘有内部招聘和外部招聘之分，因此招聘信息发布也有不同的方式。

1. 内部信息发布

内部信息发布是相对于内部招聘来说的。企业可以通过内部布告栏公布招聘信息，也可以通过内部网络或者内部发行的刊物等载体发布招聘信息，还可以在公司或部门大会上公布招聘信息。

内部招聘的实质，是公布缺员的岗位，由合适的员工竞争上岗。因此发表内部招聘信息，一定要把待聘职位的情况介绍清楚，并具体说明任职资格条件，在吸引合适员工应聘的同时，不至于造成干扰正常工作的负面影响。尤其是一些较高层次的职位聘任，更要注意信息发布的科学性与合理性。

2. 外部信息发布

外部招聘信息发布是向社会公开招聘员工，也是招聘信息发布的主要渠道。通常把企业招聘的外部招聘信息发布称为招聘广告。招聘广告的发布形式有多种选择，与广告载体的类型相关，需要结合广告载体的特点进行招聘广告设计。

招聘广告的种类主要有：报纸广告、杂志广告、广播电视广告、网站广告以及散发的印刷品广告等。在选择广告载体时，企业要考虑下列因素。

（1）广告载体的信息传载能力

各种媒体的信息传载能力是不同的。电视广告的时间一般比较短，因而传播的信息要求高度浓缩，而互联网和报纸等则可以传递更多的信息。

（2）受众的不同

各种媒体都有其特定的接受群体，如专业杂志的读者是专业人员，而报纸的读者可能会很杂；不同的网站、不同的电视频道其受众也是不同的。大量非目标受众的求职简历，会增加甄选的难度和成本。

（3）考虑企业的招聘预算和招聘职位的紧迫程度

电视广告的费用高昂，尤其是黄金时段的广告，报纸的不同版面收费也是不同的。因此发布广告要考虑招聘预算。对专业性质的职位最好选择专业性媒体打广告。而招聘工作紧迫时应该选择报纸等信息传播周期短的媒体。

除以上主要渠道外，还有随意传播的发布形式，即有关部门或有关人员用口头的、非正式的方式进行招聘信息的发布。

另外，各渠道对信息发布的即时性、影响时间、受众面、投递简历人

的求职意向、费用、成效以及适用企业和职位等方面均有不同要求，如下表所示，可供各大企业参考。

招聘信息发布渠道	是否随时发布	受众面	求职意向	费用	影响时间	成效	适用的企业和职位
招聘会	否	窄	强	较低	短	不定	适于费用预算少的企业的中层以下职位和操作类职位
网络	是	很广	较强	很低	长	不定	适于技术类和职能管理类岗位
报刊	否	较广	强	不定	短	不定	适于高端职位以外的职位或希望树立企业形象的企业
广播电视	否	很广	强	很高	短	不定	适于费用预算多，并希望树立企业形象的企业
代理招聘	是	较广	不定	较高	较短	较高	适于有一定费用预算，有中高层职位需求或需求紧迫的企业
猎头	是	较广	不定	很高	较短	很高	适于有猎头费预算，有高端和稀缺职位需求或需求紧迫的规模企业
人才派遣	是	较广	较强	较低	较短	较高	适于人力费用较敏感，有阶段性人才需求的企业
内部调用	是	窄	不定	无	长	有些企业较高	适于企业规模大，人才梯队建设好的企业
内部举荐	是	较广	不定	无	长	可能较高	适于有凝聚力和内部举荐制度健全的企业

除了上表介绍的，企业发布招聘信息时要遵循以下三个原则：一是面广原则。发布招聘信息的面越广，接收到该信息的人越多，可能招聘到合适人选的概率越大。二是及时原则。招聘信息应该尽早地向人们发布，这

样不仅有利于缩短招聘进程，而且有利于使更多的人获取信息，使应聘人数增加。三是层次原则。招聘人员都是处在社会的某一层次的，要根据招聘岗位的特点，向特定层次的人员发布招聘信息。

做足、做好面试工作

领导者只有做好面试的工作，才能用更少的时间、更低的成本，更准确地招聘适合企业的人才，从而为企业引进新的养分，补充企业的不足，来促进企业的发展，使企业创造更多的利润。

企业招聘的目的，就是为企业的发展成长与稳定、实现企业利润，铸就这样一支队伍。而要实现招聘的目的，除了上述讲到的招聘要灵活、找准招聘信息发布平台外，还要做足、做好面试的工作。因为，领导者只有做好面试的工作，才能用更少的时间、更低的成本，更准确地招聘适合企业的人才，从而为企业引进新的养分，补充企业的不足，来促进企业的发展，使企业创造更多的利润。

有一家中外合资企业，主营业务是为电信运营商提供技术支持，提供手机移动增值服务，手机广告。该公司所处行业为高科技行业，薪水待遇高于其他传统行业，并且公司位于北京繁华商业区的著名写字楼，对白领女性具有很强的吸引力。公司因发展需要，需要从外部招聘一位行政助理。

负责招聘的经理先是在网上发布招聘信息，然后亲自筛选简历，他的筛选标准是年轻的，最好有照片，看起来漂亮的，毕业学校最好是名校。经过筛选，最后确定下来两个人，分别通知了她们的面试时间。经理亲自

主持面试的工作。

第一个前来面试的人走进办公室，经理头也没抬，只示意她在他那庞然大物般的办公桌前只有童椅般大小的椅子上坐下。经理连声招呼也没打，就开始盘问她的工作经验，而她几乎没什么工作经验。面试还没结束，她就下定决心，这份工作薪水再高她也绝不参加下一轮面试了。

第二个人小杨是名校毕业，长得也漂亮。面试时，经理随便问了她几个问题，她都对答如流，并且有一年多的工作经验。经理觉得小杨形象好、思路清晰、沟通能力强、工作经验丰富，于是决定聘用她，让她直接参与了工作。

小杨主要负责前台接待、出纳、办公用品采购、公司证照办理与变更手续等。可是，小杨工作五天后就辞职了，原因是工作内容和自己的预期不一样，琐碎繁杂，觉得自己无法胜任。

就这样，公司前后招聘的两位行政助理，结果都失败了。

在招聘行政助理时，该公司没有根据行政助理这个岗位的任职资格制定结构化的甄选标准，而只是凭面试官的直觉进行甄选，所以招聘工作失败了。案例中经理对相貌、毕业院校和是否应届带有明显偏见。没有考虑应聘的人是否和企业的文化、价值观念相吻合，是不是真正的具备了工作需要的知识、能力、性格和态度。

下面我们来看看宝洁公司的面试流程。

宝洁公司的面试分两轮。第一轮为初试，一位面试经理对一个求职者面试，一般都用中文进行。面试人通常是有一定经验并受过专门面试技能培训的公司部门高级经理。一般这个经理是被面试者所报部门的经理，面试时间大概在30~45分钟。

通过第一轮面试的人，宝洁公司将出资请应聘者来广州宝洁中国公司总部参加第二轮面试，也是最后一轮面试。为了表示宝洁对应聘者的诚意，除提供往返机票外，面试全过程在广州最好的酒店或宝洁中国总部进行。第二轮面试大约需要60分钟，面试官至少是3人，为确保招聘到的人才真正是用人单位（部门）所需要和经过亲自审核的，复试都是由各部门高层经理来亲自面试。如果面试官是外方经理，宝洁还会提供翻译。

从上述案例中我们可以看出，要想招聘工作取得成功，就要重视、做好面试的工作，否则所有的努力、投入都会付诸东流。那么如何才能做足、做好面试工作呢？

1. 面试前的准备工作

（1）了解应聘者的背景材料。应聘者在面试开始以后短短几分钟之内就会意识到你有没有看过他（她）的简历。如果面试前你了解一下他（她）的背景情况，确定你进一步了解的方面，正确地说出他（她）的名字，你就会给他（她）留下深刻印象，接下来提出的问题也会更有分量。

（2）选择合适的面试环境。面试过程中，为应聘者提供轻松的环境不仅有利于维护企业的良好形象，也可以减少应聘者感到不安甚至恐惧的程度，从而得到更为准确的信息。

（3）说明面试的形式。在面试开始前解释清楚面试的目的和顺序会帮助应聘者消除疑虑，使其能在接下来的面试过程中更容易集中注意力。同时，对面试过程中的做记录你也要事先说明：“面试过程中我要做些记录，为的是不会遗忘你所告诉我的任何信息。所以当我低下头时，不要以为这是不感兴趣，我只想确保记住你的谈话内容。”

2. 面试要围绕主题

在面试的过程中，很多管理者喜欢根据自己的喜好来进行提问，甚至

武断地作出一些结论，这些做法都会影响到面试的最终效果。所以，面试一定要紧紧围绕着主题来进行，不要偏离主题。如果遇到这种情况，你就要主动地将谈话的主题引回到面试的目标中来，因为每位面试者的面试时间是一定的，如果这样无休止地谈论下去，势必会影响到后面的面试工作。

3. 面试中避免重复提问和争论

如果有多位管理者同时面试，就有可能出现这个问题。要避免这种情况，就要事先分清每位管理者在面试活动中的职责，让他们只做职责内的事情。还要注意的是，在面试过程中，管理者之间一定要避免进行争论。比如，对于应聘者的回答，不同的管理者有不同的看法，这时候应该让管理者把自己不同的意见记录下来，而不是当着应聘者的面进行争论，这样也会影响到面试的效果。

4. 面试中不要太主观

面试中，管理者很容易根据自己的主观意识来决定是否聘用一个人，这样就会影响面试的客观性和公平性。比如，如果管理者与应聘者曾经在同一所学校就读，或者有过其他共同的经历，就会很容易对面试者产生一种亲切感，从而影响自己的判断。从另一个方面来讲，如果管理者不喜欢某种性格的人，而应聘者偏偏又是那样性格的人，也会产生主观性误差，这对面试者不公平。

5. 面试要避免前紧后松

这种情况在面试时也是会经常出现的。往往是在刚开始时，大家都精神十足，踊跃地提问，但是到了后来，已经没有精力和兴趣再去关心面试者了。所以，在安排面试时，如果面试人员较多，要注意安排中间的休息时间。比如在1小时左右就可以休息10分钟，一天总共的面试时间不要超过4个小时。总之，面试一定要前后一致，保持面试的公平、可观、有效。

合适的是资产，不合适的是负资产

一个企业要想创造丰厚的利润，需要的正是适合的人才，而不是能力虽强但只能摆在那里不发挥作用的人。这既是对人才的浪费，更是对企业资源的浪费。

有这样一则寓言。

乌鸦得了一大摞获奖证书，什么“环球歌星大奖赛优秀歌手”证书，“宇宙歌星金奖”证书，“世界歌坛明星”证书，“五洲杯超级明星大赛最佳歌手”证书，“国际精英歌唱家”证书……数也数不清。

一天，乌鸦见鸟儿们在一个小树林里聚会，就飞过去说：“我给大家唱一支最好听最好听的歌儿，希望大家喜欢。”说罢，它就闭着眼睛忘情地唱了起来。

只听“哇——”它刚一开口，鸟儿们便四散开去。乌鸦愤怒极了。它抓住喜鹊的肩头摇晃着说：“它们太不懂艺术了！要知道，我有数不清的国际大赛获奖证书啊！”喜鹊说：“要证明你是一个好歌手，何必要那么多高级别的证书呢？只要你唱的歌大家喜欢听就行了。”

“只要你唱的歌大家喜欢听”这句话不仅是送给乌鸦的，同样也是送给选聘人才的企业领导的。选聘人才，不能只看他的外在条件与学历证书，如果公司里没有适合他的职位，即使能力再强，衣着再光鲜，也无法

最大化地发挥他的作用。相反，如果一个人的能力适合其职位，就能充分发挥他的作用，而这样的人才往往能够为企业创造出更大的利润。

一个企业要想创造丰厚的利润，需要的正是适合的人才，而不是能力虽强但只能摆在那里不发挥作用的人。这既是对人才的浪费，更是对企业资源的浪费。所以，对企业而言，合适的人是资产，不合适的就是负资产。

有一家餐饮企业，前任的前台接待因为休产假，需要新招一个前台接待，招聘广告发出后，陆续来了几个应聘者，但一直没有招到合适的。人力资源部门经理一想："不过是个前台接待，长得漂亮代表企业形象就够了，不需要多高的要求，随便招一个吧。"于是，新的前台接待小崔就上任了。

一天，一位外国客人到总台登记住宿，顺便用英语询问前台接待小崔："贵店的房费是否包括早餐？"小崔英语才达到C级水平，没有听明白客人的意思便随口回答了个"It will do"（行得通）。几天以后，外国客人离店前到账台结账。服务员把账单递给客人，客人一看吃一惊，账单上对他的每顿早餐一笔不漏！客人越想越糊涂：明明前台接待回答的是"It will do"，怎么结果变成了"It won't do"（行不通）了呢？他百思不得其解。经再三追问，总台才告诉他："我们早餐历来不包括在房费内。"客人将初来时前台接待回答"It will do"的原委告诉总台服务员，希望早餐能得到兑现，但遭到拒绝。客人无奈，只得付了早餐费，然后怒气冲冲地向饭店投诉。

最后，饭店重申了总台的意见，加上早餐收款已做了电脑账户，不便更改，仍没有同意退款。外国客人心里不服，怀着一肚怒气离开饭店。

前台接待是外界与企业联络的第一关，这一角色至关重要。一个将就的前台接待给客人的不良印象可能让企业失去一位大客户。千万别再说什么“不过是个前台接待”了，千万别因为“不过是个前台接待”就凑凑合合地招个人进来。企业中每一个员工都对企业有举足轻重的作用，要不然就不会花成本招进来。因为他们对企业的发展和赢利有重要作用，每个员工的选择都应该有最高的标准，应该是适合某项工作的最佳人选。

一些企业常常强调需要最优秀的人才，但世界上没有绝对的最优秀人才。同那些具有敏锐的观察力、独特的见解、创新的理念、挑战卓越的勇气、非凡的执行能力和善于沟通的领导能力的人才相比，能够认同企业的价值观，接受企业文化，具备企业所需要的工作能力和专业技能，自律守纪，具备良好的沟通能力、合作精神和学习热情，能够完成各项工作的员工，才更加切合企业的需要。

企业要强调部门成员的多样化，每一支团队都需要不同类型的人才来组成，充分发挥出每个成员的特长，这支队伍才有能力来创造灿烂多彩的生活，应对不断变化的世界。知人善任是企业管理的核心，是企业全体领导者的重要工作和共同责任，而不仅仅是人力资源管理部门承担的一项事务工作。企业通过外部招聘、内部培育和选拔，取得上述人才，并且将他们放在最合适的岗位上，做到“贤者在位，能者在职”，促使各类人才能够互相补充，产生倍增的作用，“才得其序，绩之业兴”。

因此，领导者在寻找企业需要的合适人才时，就必须具备一定的灵活性，有区别地对待不同的人才，制定不同的策略，应用不同的方法，从而有利于识别、发现、培育和使用各类人才。

作为企业领导，要敢于突破固有的思维模式，推动人才竞争的机制，发现、鉴别和培养最合适的人才，而不是力求寻找能力最强的人才。资料证明，卓越企业的关键性的人才，并非是能力超强之人，往往是在某些方面看起来十分普通之人。如果企业领导缺乏这样的认识，那么，在没有适合人才发挥最大价值的生态环境中，即便引进了人才，也不可能发挥其作用，引进的人才也会因企业现有的环境限制而失去价值。

无效招聘是对企业资源最大的浪费

一个无效的招聘会给企业带来很大的损失，不仅使公司浪费招聘成本，还会影响公司正常的工作秩序。所以说，对于企业领导者来说，招聘管理工作做不好，就会影响企业利润的创造。

企业招聘的目的绝不是简单地吸引大批应聘者，根本目的是获得企业所需的与岗位人才标准相匹配的人员、减少不必要的人员流失。高效的招聘说白了就是指企业在一定的时间内找到适合的人才，以达到因事任人、人尽其才、才尽其用的双赢目标。

现在很多企业天天都在招人，领导者天天忙于招聘、面试，可是招来招去，真正需要的人才怎么也招不进来。即使好不容易招进来一个比较满意的员工，做不了多长时间，就会因各种原因跳槽而去。这种无效的招聘，不会给企业带来任何好处和利润，反而是对企业资源最大的浪费。我们来看看下面的这个案例。

南京有一家纺织企业，资产规模达8亿元，有一千多名员工。2009年，因业务发展需要，公司拟招聘一个营销总监，要求大专以上学历，熟悉纺织品行业，有8年以上从业经验。公司CEO陈总要求人力资源部伍经理加紧招聘，揽收人才。

这位伍经理在两个月的时间内，通知了七位求职者来公司面试，但不是被陈总否决，就是因公司待遇问题、人才行业背景问题或者人才能力问题而迟迟找不到合适人选。最后陈总要求伍经理启动猎头，通过专业的猎头公司来寻找。伍经理找了当地一家比较有名的猎头公司签订了猎头协议。花了大约一个月时间、10万元猎头费用，用年薪50万元的待遇终于找到了一位看似很不错的高级人才。

遗憾的是这位新营销总监进来时猎头公司未作有效的背景调查和评估，企业方也没有再深入了解他的人品和价值观。这个总监到岗三个月后被派往广州参加广交会，在广交会上他请小广告公司布展位、做广告，回头却向公司虚报价格，从中牟利，但被公司发现了。同时，这位总监在工作期间贪小便宜，人品不佳，人缘不好，和营销经理、员工关系紧张，营销人员都不太支持他的工作。结果在公司只做了四个半月，迫于各种原因，这位新总监终于提出辞职，离开了公司。

想想看，公司这次失败的招聘所花费的招聘成本是多少？离职又为公司带来了多少损失？

从上面的案例我们不难看出企业浪费的招聘成本有多大。公司为了寻找一位高级人才，直接花费的成本是10万元猎头费，这个人才年薪50万元，4万多元一个月，累计薪资成本又是十几万元。但是更可怕的是所耗费的时间成本和对企业营销工作的影响。公司花了大量时间来招聘一个人才，最后只做了几个月就走了，又面临新的招聘工作，同时，这个无效的招聘也造成很多营销管理问题。

可见，一个无效的招聘会给企业带来很大的损失，不仅使公司浪费招聘成本，还会影响公司正常的工作秩序。所以说，对于企业领导者来说，招聘管理工作做不好，就会影响企业利润的创造。

其实，上述案例中的无效招聘是完全可以避免的，比如营销总监可以让公司人力资源部伍经理以猎头的方式去寻找。相信他会比猎头公司做得更好，因为他更了解岗位人才的标准，更了解企业的文化和环境，更了解陈总的思想和性格，那么他直接就可以给公司创造人才招聘利润。

可见，人才招聘对企业来说是多么重要。企业领导者只有找对人，才

能做对事。只有把人找好了，企业的战略、管理流程和制度才能有条不紊地得以实施。而目前的大多数企业在做人才招聘时，都存在无效招聘的现象，不仅浪费了企业的资源，还影响企业创造利润。

要管理要利润，就要求企业的领导者做好招聘工作，有效地把合适的人才引进到企业中，为企业创造丰厚的利润。那么，怎么才能避免无效的招聘呢？除了前面几节中所说的以外，领导者在招聘过程中还要注意以下几点。

1. 看重人才的能力学识

成功的企业用人不拘一格，英雄不问出处，只看重人才的能力学识，不看他的出身条件、学历、长相等方面。

学历只是学习经历的一种证明，并不能反映出一个人的实际能力。一个学文的毕业生有可能还是一个电脑高手。所以，作为老板，你一定要擦亮眼睛，选择合适的人才，并使其尽情发挥自己的才能。

2. 不以貌取人

现在的老板中，喜欢以貌取人的倾向仍然大行其道。其实着力寻求虽相貌平平但具有吃苦耐劳和创业精神的人，这才是企业最好的用人之道。老板以貌取人，最通常发生的情况就是真正的人才得不到重用。并不是每一个人都相貌堂堂又是济世之才，很多人才也只是相貌平平，甚至长得歪瓜裂枣的也不在少数。因此，老板择人时切忌以貌取人。

3. 从人的行为举止发掘人才

人的行为举止是无声的语言。它虽然无声，却能反映一个人的心灵，反映一个人的为人和道德品质，体现一个人的素养，这为发现人才提供了一条重要的途径。现代企业里，有很多老板是从人的行为举止上来发掘和考察人才的。

第三章

物尽其用：向管理要利润要做到人事相宜

就像是世界上最好的电脑，只有懂得的人去用，方能创造出价值。对于管理者来说，必须懂得如何去发挥下属员工的长处。这才是向管理要利润的核心，也是企业利润急速增长的内在条件。

没有无能的下属，只有无能的管理者

> 每位员工都有属于自己的长处和特点，企业领导者只有根据每位员工的本性，把他们安排在合适的位置上，才能发挥出他们的最大能量，为企业创造更大的利润。

没有无能的员工，只有无能的管理者。在任何一家企业里，都有各种各样的工作，优秀有能力的领导，能为每个员工找到一个适合他的位置，做到人事相宜，这是一个企业管理者的职责，更是管理者领导才华的体现。事实上，每位员工都有属于自己的长处和特点，企业领导者只有根据每位员工的本性，把他们安排在合适的位置上，才能发挥出他们的最大能量，为企业创造更大的利润。

某广告公司在执行一个大项目，由于市场部人手吃紧，主管便把优秀的文案人员小峰临时充用。由于业务不熟，小峰在市场部出了一个小差错，险些对该项目造成毁灭性的打击，因此受到责备。失意之余，小峰在心理上产生了微妙的变化，挫折感顿生，心想："英雄既未遇到良时良地，不如归去。我凭什么在此干这费力不讨好的事情?!"于是决然辞职，公司也因此失去了一个优秀的文案人员。

俗语说，十个指头有长短，荷花出水有高低。组织内部，各种类型的员工都会有。作为管理者，不能一叶蔽目，厚此薄彼，而应因人而异，最大限度地激发他们的潜能。比如让富有开拓创新精神者从事市场开发工作；把墨守成规、坚持原则者安排在质量监督岗位等。从这个意义上说，没有无能的员工，只有无能的管理者。

要想让员工充分发挥才能，为企业创造更多的利润，领导者首先要了解员工的优点所在，把他安排在适合的位置上，以达到人事相宜的目的。

比如有的员工工作起来雷厉风行，有的则非常小心谨慎；有的比较善于处理人际关系，有的不爱和人打交道；有的爱闹，还有的喜静等。然后再根据企业的特点，结合员工的特长，合理地安排他们的工作。

比方说，对于那些进取心很强，但做事马虎的员工，企业管理者就不能把要求准确无误、毫无差错的工作交给他。这样的员工最适合做临时性工作，如果企业有需要迅速处理的工作，就交给他好了，但别忘了还要找一个做事谨慎的职员加以审核才是。

再比方说，对于那些爱表现但能力不足的，干脆就在无关紧要的工作上让他好好表现，也不要去批评他、压制他，把薪酬低、工作量大的事情给他干，这样既不会亏了公司，还能让他感到自己的重要性。对于那些做事小心谨慎且善于处理人际关系的，你可以让他们尝试一下管理的职位，他们或许会带给你一些意外的惊喜。

是金子就要让它发光，是人才就要发挥其才干，这是一条最起码的用人原则。如果管理者能做到这一点，遇到不同的事，用不同的人，自然能产生最大的效用。

世界上只有无能的管理者，没有无能的下属。管理者只有“短中见长”，善于发现下属的长处，扬其长而避其短，进而尊其长抑其短，变消极因素为积极因素，才能真正做到人尽其才。

把目光聚焦到下属的长处上

选用一个人，主要是使他发挥自己的优点，至于他的缺点，只要不影响工作、不影响别人发挥积极性，就不应要求过严。

俗话说："用人如器，各取所长。"世上只有偏才，而没有全才，有所长必有所短，即使天才，也不可能七十二行，行行当状元。"金无足赤，人无完人"，正确的用人之道，在于求其人之长，而不在于求其人为"完人"。领导者用人用他的长处，他就是"能人"，就能为企业带来利润；反之用其短处，则他就是"笨人"了，就很难给企业带来效益。所以，在人事管理上，领导者要把目光集中在下属的长处上。

一项研究显示，如果从人的长处着眼，为对方提供和创造良好的条件，让他的长处得到充分的发挥，那么这个人日益增长的优势就会抵消短处的影响，或者填补短处的缺陷，进而实现自身价值；如果从人的短处着眼，用人的短处而不用人的长处，就会使人的长处被短处所排斥和否定，不能充分发挥作用，甚至断送他的前程。

由此可见，领导者在用人时，应首先看他能胜任什么工作，而不是绞尽脑汁挑其毛病。

美国南北战争期间，林肯为了稳健，一直任用那些没有缺点的人任北军的统帅。可事与愿违，他所选拔的这些统帅在拥有人力物力优势的情况下，一个个接连被南军将领打败，有一次几乎还丢了首都华盛顿。林肯很震惊，经过分析，他发现南军将领都是有明显缺点同时又具有个人特长的人。总司令李将军善用其长，所以能连连取胜。于是林肯毅然任命格兰特将军为总司令。当时有人告诉他，此人嗜酒贪杯，难当大任。林肯何尝不知道酗酒可能误大事？但他更清楚在诸将领中，唯格兰特将军是决胜千里的帅才。后来的事实证明格兰特将军的受命正是南北战争的转折点。

作为领导者，对人、对自己的下属，即使是对毛病很多的人，首先要看到他的长处，才能充分利用他的才干。这也是领导者正确的用人之道，即充分发挥一个人的优势，避开一个人的劣势。用人就要用他的长处，使他的长处得到发展，短处得到克服。每个人都有缺点和优点，我们选用一个人，主要是使他发挥自己的优点，至于他的缺点，只要不影响工作、不影响别人发挥积极性，就不应要求过严。管理者的任务是寻找员工的优点，在使用过程中，做到人尽其才。

狮子图谋霸业，准备开拓自己的疆域，便决定与邻国开战。出征前它举行了御前军事会议，并派出大臣通告百兽，要大家根据各自的特长担负不同的工作：大象驮运军需用品，熊冲锋厮杀，狐狸出谋划策当参谋，猴子则充当间谍深入敌后。有动物建议说："把驴子送走，它们的反应太慢了，还有野兔，它们会动摇军心的。""不！不能这样办。"狮子说，"我要用它们，而且它们会在战斗中发挥至关重要的作用。驴子可作司号兵，它发出的号令一定会使敌人闻风丧胆；野兔奔跑迅捷，可以在战场上做联络员和通信员。"那些动物觉得狮王说得很有道理。后来在战争中果然是每个动物都发挥出了最大的用处，取得了胜利。

在这则故事中，狮子之所以在图谋霸业的过程中取得胜利，正是因为它有英明的用人原则，善于发现下属的优点，让它们各尽其能。在人事管理中，管理者也要懂得这一原则，积极发现并利用下属的长处，做到人尽其才。

用人的目的正是在于人尽其才。而要人尽其才，领导者就要做到以下两点。

1. 用人之长

孙中山先生曾说过，如果人们“所习非所用，所用非所长”，必然“智者无以称其职”，“巧者易以饬是非”，提出要像欧美人那样，“无论做什么事，都要用专家”“文学渊博者为士师，农学熟悉者为农长，工程练达者为监工，商情谙习者为商董”。只有这样，才能人尽其才，而“人既尽其才，则百事俱举；百事俱举矣，则富强不及谋也”。

2. 择人任势

即根据公司在发展过程中遇到的不同情况，选择可以应变自如、临机解决问题的人任之，也可叫“因势择人”。公司领导者如果不能因势择人，那么，不仅不能使其尽力胜任，甚至会给企业带来失败。《三国演义》中记述，诸葛亮忽闻司马懿兵近街亭，急忙之中派马谡带兵前往，结果马谡不根据当时当地具体情况，面对强敌，错误决策，使全军“陷之死地”，大败而回。可见马谡只知照搬兵书，而不知“临机处变”，因势决策。这一错误的归因虽在马谡，但诸葛亮更应承担起用人不慎之职。因为，马谡并非无能之辈，只是诸葛亮将其放错了位置。

美国著名管理学家杜拉克指出：“有效的管理者择人和升迁，都以一个人能做什么为基础。所以，我的用人决策，不在于如何减少人的短处，而在于如何发挥人的长处。”因此，作为企业的领导者与管理者，要想让企业走向更强更大，就必须用人之长，避人之短。

走出随意安排工作的习惯模式

每个员工都希望能有个满意的职业，一旦他能够找到自己满意的职业，就会尽职尽责地拼命去干，充分地发挥自己的主观能动性和创造性。

有一位哲人说过一句话，意思大致是这样的：如果把宝贝放错了地方，那么宝贝就会变成废物；如果把宝贝放对了地方，但却没有好好地加以利用，同样也会成为废物。作为企业的管理者，要让每个员工都有适合自己的工作，只有这样，才能最大限度地激发员工的工作热情。而要让员工有适合的工作，领导者就需要走出随意安排工作的习惯模式，应该根据员工的特长、性格等来妥善安排工作。

每位员工都是优秀的，只不过所擅长的方面不同而已；任何企业都需要各种各样的人才，只要为他们提供相应的平台，他们都会成为精英。千万不可把不同类型的人才进行对比，这不仅毫无意义，还会挫伤员工的积极性。下面这则故事就很能说明问题。

在一次用人技巧培训上，一位年轻老总向培训师大诉苦水。他愤愤地说："我们公司有三个不成才的员工，我准备找机会将他们一起炒掉。"培训老师就问："说说看，他们哪点让你不满意了？"

这位年轻老总说："这三个人啊，一个整天嫌这嫌那，专门吹毛求疵；一个杞人忧天，老是害怕工厂有事；另一个整天在外面闲荡鬼混。你说可气不可气？"

培训班老师听后，想了想说："这三个人其实都是有用之才，从明天

开始，你给他们重新分配工作：喜欢吹毛求疵的人，就让他负责质量管理；害怕工厂出事的那个，让他负责安全保卫及保安系统的管理；而那个喜欢整天在外面东游西逛的，就让他负责公司的产品宣传和推销好了。”

三个月后，年轻老总给培训老师打来电话，培训老师就问他那三个人怎么样，年轻老总兴奋地说：“他们果然都是出类拔萃的！自从他们踏上了新的工作岗位后，个个都像吃了兴奋剂一样，工作起来特别卖命！现在好了，我们的产品已经畅销全国，工厂的赢利开始直线上升……”

作为企业的领导者，要想让员工发挥出他的全部潜能，就必须对员工的本性有一个较深刻的理解，并要搞清楚他们各种行动的理由。在这方面多花费些心思，根据员工的本性安排工作，你的员工才能得以施展自己的才能。

每个员工都希望能有个满意的职业，一旦他能够找到自己满意的职业，就会尽职尽责地拼命去干，充分地发挥自己的主观能动性和创造性。但现实却并不乐观，很多人常常在一个自己不感兴趣的岗位上一干就是十几年甚至一辈子。这对企业和员工个人其实都是一种损失：对企业而言，员工就是一种摆设，他们当一天和尚撞一天钟，甚至连钟都不愿意撞（经常旷工），他们根本没有一点儿积极性和创造性，不能为企业创造任何利润。

作为企业的领导者，如果你发现自己的员工工作效率下降，没有工作热情，对待工作没有一点儿积极性和主动性时，你就需要考虑对员工的工作安排是否合适，他所做的工作是不是他自己想要做的工作。如果答案是否定的，那么你就有必要对他的工作做一个合理的调整。

总的来说，领导在安排工作时要注意以下几条原则。

1. 员工的工作要有意义

任何一位员工的工作都应该具有一定的意义，这样才能让他们感到自己工作上的成就感。如果员工不理解自己的工作意义所在，领导者需要向其强调。

2. 工作周期的长短要适度

员工工作周期的长短要适度，这个原则与工作的变化性原则很相似。过长的工作周期会让员工感到疲劳不适；而如果工作周期过短，又会让员工的工作准备时间和结束时间显得太快，同样不利于员工充分发挥自己的能力。

3. 让员工自己安排工作计划

对于大多数有工作经验的员工而言，他们都有能力安排自己的工作计划。作为企业领导，你只需确定完成目标的最后期限就可以了，这是发挥员工主动性的一个特别有效的好方法。

4. 工作要有适度的变化

任何一项工作都需要有一定程度的专业性，但不能过分单调，因为简单重复的工作会让员工感到乏味，很容易引起员工的疲劳和厌倦。所以适度的变化是必要的，但变化不可过大——每位员工所关注的事都是有一定范围的，离他们专业或专长太远的事情即使他们想做也做不好，此为其一；其二，如果员工的工作变化太多，员工就会因注意力过度分散而降低工作效率，从而给员工带来不必要的工作压力。

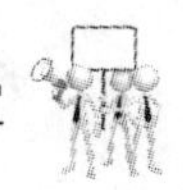

5. 给员工制订一个明确的目标

给员工制订一个明确的目标，然后再充分授权给他们。这样一来，员工就会积极努力地工作，并能达到更高的标准。作为领导，你只需提供给他们需要的相关企业资源就可以了。

6. 明确员工对企业的贡献

每位员工的每项工作都是企业总体运转的一个环节，他们对企业所做的贡献虽然不尽相同，但都是很重要的。企业领导应该让员工知道，他们的工作在企业中处于怎样的重要地位、他为企业所做的贡献是多么的巨大，让员工明白自己在企业中的重要位置。

领导者要想走出随意安排工作的习惯模式，就要遵循以上这些原则，合理安排员工的工作，这样就能够很好地激发员工的工作热情，使他们更加努力积极地工作，为企业创造更多的利润。

让不恰当的人做不恰当的事就是浪费

只有让合适的人做合适的事才能创造最大的利润。

大千世界，没有两片相同的树叶，不同的人适合不同的工作，最好的不一定是最合适的，最合适的才是最好的。作为企业的领导者，要把握员工的差异化，根据每个员工的气质类型、行为风格、兴趣爱好和才智特长，量才而用，让工作安排尽可能既符合员工个人内心的需要，也符合企业发展的需要。也就是让合适的人去做合适的事情，只有这样才能大大提高组织的效能，才能使企业获得更好的利润。

但是，调查研究显示，“用人不当”目前已经成为公司领导者最容易出现的问题之一，并且可造成企业的巨大损失。用人不当，具体地来说，就是让不恰当的人去做不恰当的事，这不但是对人才的浪费，同时也是在浪费企业的资源。想想，让不恰当的人去做一件事，必然不会做得完美，那么就不会为企业带来利润，而公司还要付给他工资、福利待遇等，这样一来，企业不就亏损了？

有一家大型化学公司需要聘用一个研究人员，从事某种重要产品的开发。经过几轮的甄选，最终花费重金雇用了一位著名的化学教授。然而几年过去了，适销对路的产品仍然没有开发出来，公司管理者终于不得不痛苦地承认雇用这名教授是个天大的错误。

原来这位化学教授已经习惯了在宁静的校园里搞科学研究，在学校里的时候，他不需要考虑市场的压力，自己工作起来如鱼得水。而到了公司里面，所有的研究都要围绕着市场的需求来做，他感到了极大的压力，总是患得患失，反而连正常的科研水平都发挥不出来了。所以，几年过去了，没有做出任何成就。

从案例中我们可以看出，这几年来，这名教授不仅没有开发出产品，影响了公司的发展，公司还支付给他很高的报酬，浪费了大量的财力。可见，用人不当，让不恰当的人做不恰当的事的后果往往是致命的，这已经成为制约众多公司发展的罪魁祸首。公司之间技术、资本、产品和服务的竞争日趋激烈，而所有这些竞争归根结底就是人力资源的竞争。人力资源的“能力”不足或者“能力”发挥不当，会使公司白白浪费自身资源，错过发展的大好时机；而关键职位上的“用人不当”，最终往往会把公司带入全盘皆输的悲惨境地。

在管理中，让不恰当的人做不恰当的事情，往往会把工作的过程弄

错，结果一团糟，甚至留下一大堆后遗症，造成企业本已有限的资源无用消耗。所以，想向管理要利润，领导者就要让恰当的人去做恰当的事情。

这里需要提醒的是，最合适的人并不一定就是能力最强的人，而是最能恰如其分做好本职工作的人。“过犹不及”，大材小用或小材大用，都不能很好地发挥人才的潜能，唯有适才专用，才能使人发挥到极致。

多数领导者都愿意用那些优秀的人，这是人之常情，可以理解。但是，每个单位都有大量的简单的工作，安排条件差的人去干，他们会全力以赴专心致志地工作，他们具有高昂的士气，能创造出很高的工作效率，而不会有自卑感、沮丧感，不会感到大材小用。因为他们有“自知之明”，对自己期望值并不高。像建筑行业招收大量农村临时工，这些工人活儿很累，收入也不高，可干得很起劲，因为毕竟比在农村强多了。

人才浪费的倾向在国内许多公司普遍存在。过高的选才标准不仅不会明显提高生产管理效率，反而会增加聘用合格人才的难度，而且还会使人力成本增加，组织的稳定性减弱。

杰克·韦尔奇判断最佳员工的标准很简单，他将其总结为“4E＋1P”。第一是要有活力（Energy）；第二是要能调动整个团队的积极性，能激励（Energize）团队的热情；第三是要有果敢的决断力（Edge），在他们嘴里没有模棱两可的“也许”，只有明确的“是”或“否”；第四是要有很强的执行（Execute）能力，能够实现目标，兑现承诺；“P”即是指围绕着“4E”还要有充分的激情（Passion）。

最合适的人并不一定就是能力最强的人，而是最能恰如其分做好本职工作的人。可以想象，将杰克·韦尔奇放在一个部门经理的位置上，十有八九是称职的，但这无疑是一种资源浪费，而且是公司最重要的资源——人力资源的浪费。反过来，真正有能力、有抱负的人也不会在一个只能使其发挥50%才智的职位上长期待下去。

雇用太优秀的人有时会有些麻烦。当然他们或许也是勤快的工作者，但大都会抱怨："这么无聊的工作，一点乐趣也没有。"如果聘用不这么自负优秀的人，就会常心存感谢，满意自己担任的职务和工作环境而认真工作。

人的个体存在很大差异，这种差异不仅表现在职业能力上，而且还表现在性格、价值观及职业倾向上。领导者在为下属分配任务时除了考虑岗位要求外，还应该针对并尊重员工自身的特点及优势，安排与其特点和优势相匹配的工作，给予充分发挥的空间。

把事交给适当的人做才会创造价值

身为领导者，你就要能做到对员工的特点、能力，甚至个人的性格了如指掌，把工作交给适合的人去做，使其内在的潜力得到充分的发挥。唯有如此，你的公司才会有所发展，才会创造丰厚的利润。

通用电器公司原总裁杰克·韦尔奇说："管理是很简单，就是将正确的人放在正确的地方。"事实上，在公司如海，竞争如潮的今天，一个公司能否成功，主要取决于它能不能进行有效的人力资源的开发，能否将公司全体员工的能量都释放出来，实现公司利润的几何倍增。

在第二次世界大战中，由于战争的需要，某国临时招募了许多各行各业的人参军打仗。有这样一支小分队奉命驻守在一个小岛上。他们当中有大学教师、机械工程师、政府机构的办事员，也有泥瓦匠、小饭馆老板、裁缝铺的学徒，还有消防队员、小提琴手、汽车修理工等。他们一到岛上，就都行动起来了。在领导者的吩咐下，有的用捡来的木条、干草搭起了简陋的帐篷，有的用自制的工具支起了炉灶，还有的忙着施展烹饪手艺，人人都演出自己的拿手戏，在各自擅长的方面尽情地发挥。一顿丰盛

的晚餐过后，还举办了一场热闹的晚会，大家有说有笑，有唱有跳。

几天过后，小岛遭到敌人的攻击。在枪林弹雨的战场上，大学教师和小饭馆老板便显得手足无措，不知道该怎么做，也不会打仗。而消防队员和汽车修理工在指挥下，则能够临阵不乱，熟练地使用手中的武器，对敌人进行了狠狠地打击。

从这个例子中我们可以看到：搭帐篷、支炉灶、烹饪的事情只有泥瓦工、小饭馆老板才能做得更好，而晚会的举办只有小提琴手、大学教师的参与才会办得有声有色，同样在打仗方面，只有消防人员和修理工可以拿起武器，对付敌人。虽然大学教师受过高等教育，掌握的知识较多，可以说是比较有才华的人了，可是一打起仗来，他却不如一个只念过几年书的消防队员。可见，只有把事情交给了适当的人去做，才能创造更大的价值。

美国哈佛大学的经营管理学者提醒经营者：你的公司就好比这个小分队，也是由各色各样的人组成，他们都有自己的看家本领，身为领导者，你就要能做到对员工的特点、能力，甚至个人的性格了如指掌，把工作交给适合的人去做，使其内在的潜力得到充分的发挥。唯有如此，你的公司才会有所发展，才会创造丰厚的利润。

但是，这里很值得注意的一点是，对员工要深刻了解，明察秋毫，不能凭自己的认识来盲目做出安排。联邦德国最大的冷轧钢厂领导人霍尔曼被西方公司界公认为最优秀的女经理，她在 1979 年访华时曾说："作为一个经理，应该知人善任，了解每一个下级的工作能力和特长。在安排工作时，应将合适的人放在适合他能力和特长的岗位上。"

但一般说来，管理者并不太可能一步到位地把人才放到最合适的地方，这就需要公司的管理者在完成招聘的任务后，继续考察其工作，待考核完成后，再作调整。

管理者只有把工作交给适合的人做，才能有效突出人才的能力，否则就很难达到目的。因此，要把人才用到合适的地方、合适的岗位上，只有将人才与职位、与工作匹配，因才利导，才能使人才价值最大化。

1998年，肖克创立了自己的公司，然而，公司成立不久便因管理不善而负债累累。当时，他的公司平均每月亏损约10万元，而银行还有100多万元的贷款。

为了改变这一现状，肖克苦苦地支撑着，后来他委托猎头公司从别处高薪挖到了一名人才，并根据他的能力将其放在了经理的位置上。肖克期待着新的经理能有一些新的战略。和其他卓越公司的领导人一样，这位新经理认为，要想摆脱企业的困境，首先要解决“人”的问题。他告诉肖克，“先把恰当的人安排在合适的位置，之后才开车，否则就是完全错误的”。

为此，肖克根据他的建议将恰当的人安排到该去的位置，此后，这名经理便开始了他的行程，将注意力完全放在“做什么”的问题上。他和他的团队最终把肖克的公司由每月亏损10万元变成了每月赢利40万元。即使是在后来该经理离开之后，这个团队依然在推动着公司飞速运转。

肖克的团队并不缺乏人才，而是缺乏对人才的恰当使用，这才是导致他的公司处于危机的关键所在。当一个人处于真正适合他的位置上时，他便能发挥出自己最大的潜力，这样的人才是企业最需要的。

因此，合理地发掘人才、培育人才和使用人才，形成有利于人才发展的环境和文化，不仅仅是企业领导的一项管理职能，更是企业文化的核心组成部分。

作为领导，要想让企业走向更强，必须围绕企业发展的战略目标，发现和培养具有潜能的人才，根据人才的类型不同，给予区别对待，发挥他们各自的作用，形成企业以人才架构为中心的核心竞争能力，获取相应的利润，在市场竞争中立于不败之地。

第四章

素质培养：向管理要利润得注重员工培训

管理员工，不仅要发挥他们的长处，让他们做合适的工作，同样还要让他们能够更快更好地把工作做好。如何做到这一点呢？别无他法，就是要对新来的员工做好入职前的岗位培训，并且在以后的日子里予以恰当的业务能力以及员工素质方面的培训。因为员工的能力增强了，他们所带来的经济利润也会随之增长。然而令人遗憾的是，在现代的管理中，虽说一直强调要注重员工的培训，却很少有公司能真正地管理好这方面的事务。

让员工自己摸索不如进行岗前培训

成功的新员工培训可以起到传递企业价值观和核心理念，并塑造员工行为的作用，为新员工迅速适应企业环境并与其他团队成员展开良性互动打下了坚实的基础。

很多企业在完成招聘后，通常迫不及待地把新员工推向工作岗位，这就像让没有经过训练的新兵提枪上阵一样，结果通常是非死即伤。因此，岗前培训是非常重要的，可以让员工更清楚地了解公司的经营理念以及各种规章制度，可以让员工更好地了解自己所在职位的职责，可以提升员工的业务水平和工作能力，可以使员工更快地融入到团队，从而在今后工作中更积极努力为企业创造丰厚的利润。

丰田汽车在给新员工进行岗前培训方面一直处于行业领先地位。每当新员工到丰田报到的时候，都会接受丰田公司为其提供的岗前培训。这项培训包括丰田公司的理念、历史，丰田公司的技术和产品，以及员工在丰田公司应该具备的一些基本常识。

比如，一个即将在丰田公司从事商务工作的新员工到丰田公司，就会接受岗前培训。他也会被告知应该具备什么样的礼仪，以及他的工作方式应该是什么样的。还有一些关于工作方面的指导，包括应该怎样开展工作，岗位的现状和未来的发展计划等。不仅如此，为了让新员工尽快适应公司的环境，丰田公司还推行了特殊的“师徒制度”，让新员工用最快的方式融入到丰田公司。

丰田公司的岗前培训除了给新员工提供公司背景等知识外，还改变着他们的理念。让员工接受丰田式的质量观、团队精神、个人发展以及相互尊重等，这个过程一般都会持续四天。

岗前培训的第一天，简单概括训练内容。早上6：30，公司会对新员工表示欢迎，然后简单地介绍上岗前培训的内容。花一个小时的时间与他们交流公司的文化和历史；用两个小时的时间讨论公司的福利；再用两个小时讨论丰田在质量和团队精神方面的政策。

第二天的培训主要是向新员工灌输沟通思想。向新员工强调相互尊重、开放式沟通和团队精神的重要性。除此之外还包括安全生产、环境事项，以及丰田的生产系统、公司图书馆等内容。

第三天的培训主要是在第二天的基础上加强沟通训练。

第四天的培训内容发生了变化，侧重点放在了团队精神上。上午的课程是团队训练、丰田的系统加入等。下午的课程包括防火、灭火等训练。

经过丰田公司四天的岗前培训，新员工们开始逐步接受丰田公司的理念，并且很快地适应了丰田公司的环境，这利于他们在熟悉的环境下发挥自己最大的潜力。

丰田公司利用上岗前的培训对员工进行教育引导，使新员工顺利地从一个局外人变成公司的一员。也正是以上举措，让员工感到了公司的细致及对自己的关心，从而乐意留在公司并为公司付出自己的努力。

企业在新员工上岗以前，就应该向新员工提供一个岗前培训。这个培训的内容应该是关于企业的基本情况，以及员工即将就职岗位的情况。比如员工的工资如何发放，加薪和晋升都有哪些制度，工作时间和工作量以及新员工将会与哪些员工共事等。对新进员工进行岗前培训非常重要，因为它是将新员工职业化的一个重要组成部分。

新员工培训即为新进入企业的员工指引方向，使之对新的工作环境、条件、工作关系、职责、内容、规章制度和组织期望有所了解，使其尽快

地融入企业并投身到工作之中进行的培训。成功的新员工培训可以起到传递企业价值观和核心理念，并塑造员工行为的作用，为新员工迅速适应企业环境并与其他团队成员展开良性互动打下了坚实的基础。

在企业管理中，有些管理人员认为岗前培训只是走走过场，事实并非如此。要想为新员工设计出一个有效的岗前培训，需要做到以下几点。

1. 培训开始在录用之前

在招聘时，管理者可以向未来的员工介绍企业的背景及经营理念，特别是对招聘岗位的要求等。这个阶段其实是岗前培训的开始。一旦申请人接受了这份工作，公司就应该与其保持密切的联系，可以推介公司的内部杂志，或者是管理者给员工打一个电话，这都是不错的选择，让新员工感到企业对他的加盟很满意。

2. 从报到那天开始

每个新员工到企业的第一天，难免会紧张并且带着各种疑虑。这时，管理者应该亲自迎接新员工，并且要和他们就第一天的安排展开讨论，为岗前培训做好准备。此外，新人入职第一天，其办公位置应该整洁，办公用品齐备，这样能够给予员工一个舒适而亲切的环境，使其更快得到自己已被接纳的感受。

3. 选择合适的培训内容

培训不是随意性的，不是想到什么就培训什么，而是应该根据企业的实际情况和员工的自身情况，设计相应的培训内容。一般来说，培训内容主要是先让员工熟悉企业的经营理念，了解企业的经营政策，以使自己的行为与企业的经营理念相吻合。此外，要有效地管理员工，还必须让员工通晓企业的各项管理规章制度，包括行为准则、考核标准、惩罚制度等，让员工有个参照标准，避免出现违反企业规定的情况。

4. 选择多种培训方式

传统的培训方法大多以培训师授课，新员工听课为主。但是，随着社会的发展，这种培训方式已经不能够解决所有的问题了。因此，管理者除了选择传统培训方法以外，还可以采用角色扮演法、情景模拟法、小组讨论法，以及计算机辅助等方法。这些都是很常用，也很有效的培训方法。

下属业务越熟练创造的利润就越多

没有输入哪来输出？没有高质量的培训哪来高质量的产出呢？要使员工为企业创造利润，就要对员工进行培训，提高员工的业务水平，因为员工业务越熟练就会创造越高的业绩，为企业带来越高的利润。

一个企业，一个组织，由水平不同的人员组成。企业的力量在于团队的整体效应。每个环节都很重要，仅仅有一两个环节比较薄弱，也会拖企业的后腿。企业的员工在能力、学识上不可能一模一样，有的强些，有的弱些。对于能力强的员工，要通过培训使他们更加强大；对于能力弱一些的员工，同样要给他们学习、参加培训的机会，这样才能提升他们的能力，使其不拖企业的后腿。

然而，有些企业管理者则不然，对能力强的、业绩好的，另眼相看。表扬、奖励、提拔、外出考察学习，首先想到的是优秀者，认为他们强了，企业也就强了。对能力弱的普通员工，不闻不问，认为在他们身上不值得花太大的精力，不对他们培训，认为他们只干些简单的活儿，只要不

出差错就行了。殊不知，这样做就不能提高企业的整体水平，也就不能使企业有发展，持续地获利。

有一些企业在创业的初期，红红火火，生意越做越大，范围铺得也很广，市与市之间搞连锁不过瘾，还要搞省与省连锁，甚至全国开花，但最终倒下了。著名的红高粱快餐就是其中的一个。

红高粱快餐连锁机构，曾经提出“打败洋快餐!”的感人口号，凡是有麦当劳的地方，均有红高粱的身影出现，但时间很短，红高粱便倒下了，为什么呢?

红高粱的快速扩张，使得人员的供应遇到了问题。由于店面的快速增长，导致人员未加培训即上岗。红高粱的企业文化是什么？向客户提供什么独特的价值服务？员工均一无所知，也不懂得如何去做。最后是每家店各自为政，大量的客户需求得不到满足。于是人们仍旧选择麦当劳去享受超值的服务。总结下来，红高粱经营失败的主要原因是培训跟不上惹的祸。

有不少企业，招到一个人才后，便采用“榨”的方式，让人才的能力不断输出，却不给予任何培训。殊不知，没有输入哪来输出？没有高质量的培训哪来高质量的产出呢？要使员工为企业创造利润，就要对员工进行培训，提高员工的业务水平，因为员工业务越熟练就会创造越高的业绩，为企业带来越高的利润。

小王毕业于四川省的一所重点高校，毕业后在北京一家企业工作，工作之初是在生产部见习，从普通工位做起。这家公司的培训工作非常到位，不管你是以何种身份加盟，你都要先进行三个月的前线培训，由人力资源部负责组织。

加盟的第一天，人力资源部会交给受训者一个详尽的培训计划，上面注明了培训进度及注意事项，每一个阶段的培训老师名单。人力资源部还统一向参加培训的人员讲清楚培训过程中可能会出现的问题，同时亦邀请公司的高层来与大家见面握手。通过这些细节，受训者备感亲切，在今后的培训过程中即使受到了挫折，但还是能坚持下来，因为他们感受到了一个比较开放的文化氛围，一种让人认为在这种公司工作很值得的感受。

三个月的实习过后，小王对公司每一个部门的人员状况均有所了解，对公司的业务流程也有所熟悉，走上自己工作岗位的时刻，也就意味着独立工作的开始。因为有了培训，小王在后来的工作中觉得得心应手，工作积极性很高，所以不到一年的时间，小王就被提升为部门主管。小王心里知道，之所以有这样的成绩，企业培训功不可没。因此，在以后的工作中，小王更加积极、努力，在这家企业一待就是十年，为企业创造了很多价值，成为企业不可多得的人才。在这期间，小王从来没有想过离职，反而常常以公司为家，因公司而自豪。由于小王对公司的客观介绍，还有两个资深工程师慕名而来。之后，这家企业更是如虎添翼，蒸蒸日上。

对员工而言，高效的能力才是自己长久的饭票。而对企业来说，只有员工的业务能力得到提升，他们才有可能为企业创造更大的效益和价值。

所以，管理者必须让员工的成长和企业的发展保持同步。而促进一个员工不断进步的最好方法就对其进行全职培训，如果把一个员工的职业发展道路比作一棵树的成长历程，不同的阶段对培训“养料”的需求也会不一样。作为管理者，其职责就是要根据员工不同阶段的需求进行培训，促进其不断成长。

利润战，比拼的就是企业员工的综合素质能力

要获得高素质人才，企业除了从外部招聘外，还可以对内部人员进行培训开发，以提高他们的素质和能力。

很多企业，为了招到优秀的人才可以说是绞尽脑汁，不惜重金。为什么呢？因为他们已经意识到，一个企业要想获得丰厚的利润，没有高素质高能力的员工是不行的。简单地说，员工素质与能力的普遍提高是企业不断发展壮大的根本保证。因此，进行员工培训，给他们提供学习的机会，使他们迅速成长与进步，就成为领导者管理员工的一项重要任务。

西门子公司内部设有“管理人员培训部”，并负责对工作人员进行观察，且定期同他们及其管理者谈话，最后提出对工作人员继续使用的建议。工作人员也可以直接到该部门提出对自己培养和提升问题的建议。

我们知道，企业内部担任领导职务的人常常不愿让好的工作人员离开，但是，在西门子公司的内部，这种调动是必需的。一位未来的领导人应当尽可能每隔3~5年接受和去完成一项新的任务。很多优秀的管理人才也就是通过这种方法被发现的。

此外，西门子公司还特别设置了一个管理干部培训中心和13个基层管理培训中心，每年约有80名公司管理人员参加培训。在培养管理人才方面，公司针对三种能力（专业技术能力、激发和调动个人及团体力量的人事能力、将内部和外部利益协调统一为企业整体利益的能力）进行培训。在这三种能力中，前两种主要针对基层和中层管理者，第三种则是针对高层管理者而言的。通过这些培训，管理干部的素质和能力得到了极大的提高。

西门子公司一贯奉行“人的能力是可以通过教育和不断的培训而提高的”，因而它坚持由公司自己来培养和造就人才。西门子公司早期的培训是在车间进行的，后来建立了各类专门的培训学校，并有了专业的培训老师。公司旨在通过针对性极强的连续培训，提高全体员工的技能和素质，树立创新精神，不断提高企业及个人所面临的挑战。

到今天为止，整个公司在国内外拥有600多个培训中心，700多名专业教师和近3000名兼职教师，开设了50余种专业。在公司的全体员工中，每年参加各种定期和不定期培训学习的多达15万人。为此，公司每年投资6亿~7亿马克用于培训及购置最先进的培训实验设备。

西门子公司的培训内容包罗万象，课题针对各个部门和员工的实际需要。为适应技术进步和管理方式的变化，课程内容每年都有20%以上的调整，大部分培训项目都是根据公司当前生产、经营和应用技术的需要设置的，很大一部分是在工作岗位上完成的。

西门子公司认为，员工技术是否熟练、技术专家的多少，是增加生产、保证质量、提高竞争力、赚取最大利润的关键，所以他们十分注意企业内的员工技术教育。现在，西门子公司在德国同行中技术力量最为雄厚，公司主任以上的领导人都具有工程师以上的头衔，经理领导层中，工程技术人员占40%以上，熟练工人占全体员工的半数以上。

随着社会的发展，市场竞争已越来越激烈，企业对员工的素质要求也越来越高。要获得高素质人才，企业除了从外部招聘外，还可以对内部人员进行培训开发，以提高他们的素质和能力。让员工尽可能地得到培训的机会，从而使其能力与素质得到普遍提高，这是现代管理者保证企业获得利润的重要条件。

为此，很多企业为内部员工提供了各种大量、灵活的培训方式，增加

员工的学习机会，让他们更有效地提高自身能力与素质，从而促进企业更快地发展。

日本的松下公司就是这样一家企业。管理者把创造、培育人作为公司经营的根本指导思想，十分重视对“创造产品的人”的培育和训练，并取得了很好的效果。

松下把“训练和职业发展”作为企业方针，公司的所有员工都受到了较长时间的培训。公司通过对员工的培训，不但训练出了很多具有高度生产能力的员工，而且还培养出一大批既有实际工作能力又有丰富生产和销售经验的优秀人才，这些员工成为松下公司不断发展的动力。

即使在世界经济衰退、经营受到重挫之时，松下公司也依然坚持自己的培训方针，十分注意对员工进行各种培训，这让广大员工更深刻地感受到公司在困难之时与员工同舟共济的决心。

企业要发展，就必须提高员工的整体素质，就应该根据企业的具体需求，有针对性地设置相应的培训课程，通过实际工作及生活场景的演练，调整员工的积极心态和良好的行为习惯，有效地执行企业的经营策略。

在企业的每个发展阶段，都要有企业最需要的人才和相应的岗位，企业只有通过对员工培训、让其得到相应的技能和素质，培训才能为企业的发展做出贡献。如果没有培训，员工没有相应的技能和素质，是不可能留下来的，即便是留下来了，企业和个人也不会有所发展。

那么，企业应该怎样培训员工呢？以下三个原则是必须遵循的。

1. 要为员工拟订培训计划

毫无疑问，如果让员工自己凭感觉或者靠有限的经历去摸索提高自己的工作能力，效率低是肯定的，他们一旦被困难所阻，就会丧失信心，甚至对公司产生反感。即使能勉强应付，也会形成不少不良习惯，给以后的工作带来麻烦。如果企业领导者能够有预见性地为员工拟订培训计划，自然会起到事半功倍的效果。

2. 要满足员工的培训需求

要想通过培训来激励员工，还必须使培训的内容能够满足员工的培训需求。狭隘单一的职业培训在现在已不为人接受，它常常让员工感到苦不堪言，因而产生抵触情绪。而丰富多彩的全方位、多层次培训，却能让员工在其中如鱼得水，较好地发挥他们的积极性和主动性。

3. 要掌握培训的最佳时机

实践证明，开展培训的最佳时机应该是新员工进入企业之初，在激发新员工的工作热情的同时，还能增强新员工对企业的了解和认可。如果不能把握好培训的时机，新员工就会对企业产生距离感。

学习，提高的不仅是员工能力，更是企业的获利能力

> 不管是对员工个人，还是对企业来说，企业管理者都要充分认识到培训的重要性，认真履行自己的岗位职责，让培训既能有利于员工自身的发展，又能给企业带来效益。

一家知名的保险公司曾有过这样的经历。

该公司实力雄厚，管理水平也很高，但却一直存在一个问题，员工队

伍不是很稳定，通俗地说，每年都有部分员工跳槽。

2000年，该公司的员工跳槽掀起了高潮，反映在公司人力资源部的统计表格上，竟然有占员工总数25%的人跳槽了！

这是一件天大的事。老板急了，停下所有的工作，组织公司的精兵强将，调查员工们跳槽的原因。

问卷表上有以下栏目：

是因为工资吗？

是因为福利待遇不完善吗？

是因为工作压力大吗？

是因为管理过于严格吗？

……

问卷表收回汇总后提交董事会，董事们一看问卷表，傻眼了。

问卷表上所列的提问栏目，几乎全是一片空白，也就是说，25%的员工跳槽，原因根本不在于工资、待遇等问题。他们几乎是共同一致地在提问栏之外的空白处写出了跳槽的原因：

“因为公司不为自己安排学习、培训的机会！”

对于员工来说，他们自然希望能够不断提高自己的业务能力和素质，使自身有一个很好的发展。但就企业方面来说，领导者希望每个员工能发挥自己最大的潜力，来为企业创造更多的利润，那么培训是绝对必要的。

“帮助别人发挥他的潜力，一方面是我们道义上的责任，另一方面对我们的业务也很有帮助。”强生威尔的CEO史代尔说，“人生应该有抱负，充满学习欲的人是欣欣向荣的，他们是快乐的人，他们也必定是好员工。充满学习欲的人有进取心，有想象力，一家公司如果有很多这种员工，这家公司一定不会打瞌睡。”

然而，许多领导者则认为，员工培训是可有可无的，并且作用不大，甚至认为是浪费时间，给别人做嫁衣。不可否认，有时培养下属，结果成了对手的人才。当然人才的流动会引起痛苦，甚至带来危害，但不能因此便拒绝用人，或是停止培养人才，这会造成为了正确的理由做出错误的事情的危险。就像农夫遇到天灾便不愿再度耕作，船员遇到风浪便不再航海一样。当然培养人才必须同时考虑到此人的忠诚度、人格特质、可信赖程度以及团队留才策略，方能达到综合效果。

培训在某种意义上可以被看作是对人力资本的投资。同其他投资一样，这种投资包含有成本，但也同样有收益。而且同其他投资相比，这种投资的收益率要多出几倍。如果因担心投资失败，就不去培养员工，要么会造成恶性循环：下属越是能力不足，领导越是不敢授权，结果造成领导更忙，下属帮不上忙的现象。这样下去，一个企业怎么会有发展，怎么创造丰厚的利润？因此可以说，投资培训无论对员工个人还是对企业都是一种“双赢”。

不管是对员工个人，还是对企业来说，企业管理者都要充分认识到培训的重要性，认真履行自己的岗位职责，让培训既能有利于员工自身的发展，又能给企业带来丰厚利润。只有卓有成效的培训才能提升员工的竞争力，进而提升企业竞争力。要获得较好的效果，就必须坚持一些基本原则。

1. 保证培训活动的持续性

为了充分挖掘和利用部门的潜能，领导者必须放弃把培养员工视为权宜之计的想法。要达到卓越，就必须保证培训活动的持续性。

培训作为一种核心的管理手段，它不仅有助于实现绩效的目的，而且还有利于创建一个责任共担的有效团队。由于管理者需要和员工协同合作，只有这样，才能提高员工服务整个团队所必需的技能，因此这个过程必然会带来整个部门能力的提高。反过来，作为团队成员，员工要参与部

门管理首先需要具备一定的能力，这就提出了开发需求，要求部门为他们提供一个施展技能的机会，同时也为团队成员提供多种潜在的绩效反馈来源。通过这个周而复始的循环过程，整个部门的能力也不断得以强化。

2. 要有针对性地培养员工

培养员工最重要的目标在于激励每个人的自我成长和发展。但是不同的人所具备的知识、能力是不同的，而且他们未来的成长和发展方向也存在着巨大差异。也就是说，每个人需要增长的知识和技能，以及适合的培养方式并不完全相同，指望一劳永逸，以一种方式让所有人受益是不可能的。

强调针对性地培养员工，除了一般性的指导和训练外，给员工布置具有挑战性的任务以及建设性的批评，不仅有助于员工的发展，也是他们所希望的。但要针对性地培养员工最有效的途径依然是：在提高员工承担管理技能的同时，满足他们对挑战性和个人发展的需求。这种相互协调的发展观对于绝大多数部门来说都是至关重要的，因为很少有领导者有这样的勇气让员工去承担本应由自己承担的责任。

3. 做员工的好导师

做导师的主要目的是促进员工职业生涯取得进一步成功。做导师和做职业辅导不同，导师需要源源不断地就组织的目标与经营观为员工提供信息和见识，教导员工如何在组织内发挥作用。此外，在员工遇到个人危机时，领导者还要充当其知己。

有的放矢，建立完善的培训机制

> 海尔认为：没有培训过的成员，是负债；唯有培训过的成员，才是资产。

只有持续不断的、强有力的培训，成员才有持续发展的后劲。因此，团队要给成员创造学习机会，进行以市场拓展为目标的各种形式的培训，以提高成员的能力和素质，激励成员保持不断奋发向上的进取心。

一套完善的企业内部人力资源培训和开发体系，从其构架来讲，内部培训师队伍是不可或缺的重要组成部分。建立一支有力的内部培训师队伍，对于培训计划顺利、有效地实施，对于推进人力资源培训和开发的规模化、科学化和规范化都有举足轻重的作用。

企业培训的师资，要从内部挖掘和培养，特别是要让管理人员参与培训。从组织中选拔聘用兼职培训师是一项具有创造性的工作，一旦做好这项工作，将对人力资源的开发和培训具有巨大的推进作用。从这个角度出发，发现、挖掘和培养内部兼职培训师，本身就是人力资源开发和培训的行为，属于人力资源开发和培训的范围。反过来讲，人力资源开发和培训也包含着开发和培训自己所需要的人力资源——内部兼职培训师。

现今，许多企业把人力资源培训和开发的某些项目外包出去，培训外包作为培训和开发的有效途径之一是无可厚非的，但是，培训项目外包和充分利用内部培训资源两者相比，哪一个效益更高呢？在培训效果相同的条件下，充分利用企业内部资源的效益就会比企业培训外包的效益更好，其差额与两者的培训投入之间的差额成正比。

培训项目的根本灵魂是其效果，也就是培训能不能改善成员的态度和

行为，并最终提高其工作绩效。内部培训师更了解团队的内部情况，培训的内容也就会更加贴合团队的实际需要，也更便于课后和成员交流帮其改进和提高，因此，培训效果将明显好于外包培训师。

对一些大型企业来说，为了更好地实施人才发展战略，通过有计划、有针对性地为公司成员提供终身学习的机会，来营造一个培养未来人才的学习环境，是企业对成员进行激励的重要措施之一。

对成员的培训就像是最好的攻心战，凝聚了人心，联络了感情，激励了斗志，全面带动了公司业务的发展。这些企业所取得的成绩和积累的经验，是值得我们学习和借鉴的。

“培训是爱立信的传统。”目前，在爱立信中国学院里，每天有近百名爱立信中国成员接受各种培训。在爱立信中国公司，我们能看到供成员闲暇时翻阅的内部刊物，喝咖啡时点击的内部网 Flash，午餐时浏览的 5 分钟小录像，等等，这些都是爱立信的培训手段。

1994 年爱立信（中国）有限公司刚成立时还没有真正的适合外企需要的人才，加上技术和管理并没有完善的模式，所以公司只能从最简单的培训开始。老成员们都还记得刚进爱立信时，虽然大多是电信方面的专业人员，可对计算机知识知之甚少。开始工作后，他们很快接受了内部培训，内容主要是业务方面的，如 DOS 课程、外语和管理知识等。

爱立信的培训保持了与时俱进的特色，随着市场环境和公司业务的发展而不断调整。1997 年成立爱立信中国学院之后，培训开始向更深层次、更专业的方向发展。

马晋红当年被聘为爱立信中国学院的院长时，她介绍说：“商务和技术的本土化，是爱立信急需提升的素质。我们需要有一个思路和培训体系，以满足中国公司的发展之需，加快本土化进程。”

作为典型的北欧公司，爱立信的战略核心永远是市场效应与社会形象并重，爱立信中国学院在其中扮演着重要的角色。爱立信中国学院与国内10余所大学和多家国外学院合作，开办了工商管理、市场营销等20多个专业，形成了技术和工商管理一体的综合培训体系，完全抛弃了传统意义上技术培训的范畴。

爱立信的培训更多地侧重在管理技能方面，而不仅仅是专业技术方面。其培训目前大致分为3~4个层次，最低一个层次是基本技能培训。所谓基本技能培训，并非技术培训，而是部分工种的统一培训，这类培训主要培养成员的学习能力。

马晋红说："企业学院毕竟不同于一般的社会培训机构，培训最终使成员成为经营者、技术开发者等多种角色于一体的复合型成员，从而激励他们与企业共同发展。"

现在，中国本土成员在爱立信（中国）公司中的比例已经达到97%以上。爱立信人力资源总裁Diana女士认为，爱立信中国学院在其中起到了决定性的作用。

企业对成员的培训是给他们最好的期权，是激励他们自我实现的重要手段。走进爱立信，就有机会走进爱立信中国学院，走进爱立信中国学院就有机会全面提升自己的专业素质。从这个角度看，许多职业经理人在选择从业公司时会更倾向于爱立信。

在培训机制中，人力资源部门与爱立信中国学院分开运作。人力资源部门负责更多的内部沟通和管理方面的工作。负责内部沟通的部门在培训的形式和内容上更灵活，他们将企业文化融进培训中，通过刊物、制作各种灵活的课件、网络Flash在公司内部传递，从而从整体上增强公司的凝聚力。他们曾经将"专业进取，真诚至爱，锲而不舍"的价值理念制成不同的卡通版本的故事向成员传达，收到了很好的激励效果。

多种培训，是保障爱立信公司从内部提升基层职员的重要手段。在业绩评估中，选出最具潜力的成员，在上完如何做领导的课程后，进行综合

测试，决定个人发展方向。除了接受培训外，未来的中层将与多个上司共事，实现职业拓展。为了保证这一定制培训系统的有效性，培训对象将与爱立信签订合同作为行为保障。这一机制大大增强了成员的信心，激励了成员为达到更高的目标而心甘情愿地效力。

据透露，爱立信中国公司各部门培训费用占年度预算的3%左右，这在跨国公司中是比较高的比重。对于爱立信中国学院的课程，各部门分别支付费用，以保障爱立信中国学院的发展，而内部沟通部门则获得公司在费用上的大力支持。目前，这两方面预算均处于增长之势。与此同时，爱立信也在丰富培训内容，使其激励的作用更强、更持久。

培训激励机制，最主要的就是将培训与考核、晋升关联，如此，对于受训者具有很大的激励作用。具体实施过程中需要注意以下事项：

（1）规定不同职务类别、职务等级必须要完成的培训课程或受训课时。

（2）将受训课程或课时完成状况作为晋升的重要条件之一。

（3）即使晋升后也必须在规定的时期内补修没有完成的课程或学时，否则试用不合格。

（4）年终综合考核时加入受训情况的分数。

当然，作为领导管理者，既然认为让成员去参加培训可以给企业带来价值，那么，当他们回来后，如果通过培训有效性评估显示其能力提高了，能产生更大效益了，就应该给予提升——工资的提升和职位的晋升都应该考虑。

如果培训与考核、晋升相脱节，不管是自己培养的也好，还是从外面招聘的也好，优秀人才都很难留住，团队的培训将只能是浪费。要使人才培训后不是流动，而是更加稳定，关键要把培训与企业的发展和成员个人的发展相结合。培训者要在成员的需求和企业的需求之间寻找最佳结合点，在时间和空间上最大限度地贴近企业管理和业务的实际，使成员接受培训后能够在企业中实际应用培训成果，发挥自己的职业技能，体现自身的市场价值。

麦当劳公司对见习经理就有一套4~6个月的基本应用技能培训，主要采用开放式、参与式讨论等不同的培训方式；升到第二副经理时又有一套5~6天的基本管理课程培训；升到第一副经理时还有一套中级管理课程培训；当了三年餐厅经理后，就有机会被派往美国接受高级的应用课程培训；继续升迁，就可以担任营业督导，同时管理几家店；再往上升是营业经理，管一个地区……

培训无疑是一项系统工程，需要团队管理者不断研究和完善。有效的培训既可以使成员个人的资本得到升值，反过来也可以增强其对团队的忠诚度，使团队的明天继续成功！

把团队建设成学习型的组织

所谓学习型团队，是指通过培养弥漫于整个团队的学习气氛、充分发挥团队成员的创造性思维能力而建立起来的一种有机的、能持续发展的团队。这种团队具有持续学习的能力，具有高于个人绩效总和的综合绩效。

学习型团队都具有几个突出的特征：一是学习型团队由多个创造性个体组成。在学习型团队中，团体是最基本的学习单位，团体本身应理解为彼此需要他人配合的团体。团队的所有目标都是直接或间接地通过团体的

努力来达到的。二是不断学习。这是学习型团队的本质特征。所谓“不断学习”，主要有四点含义。

（1）“全员学习”，即团队的决策层、管理层、操作层都要全心投入学习，尤其是管理决策层，他们是决定团队发展方向和命运的重要阶层，因而更需要学习。

（2）“终身学习”，即团队中的成员均应养成终身学习的习惯，这样才能形成团队良好的学习气氛，促使其成员在工作中不断学习。

（3）“全过程学习”，即学习必须贯彻于团队系统运行的整个过程之中。管理学家约翰·瑞定认为，任何团队的运行都包括准备、计划、推行三个阶段，而学习型团队不应该是先学习然后进行准备、计划、推行，不要把学习与工作分割开，应强调边学习边准备、边学习边计划、边学习边推行。

（4）“团体学习”，即不但重视个人学习和个人智力的开发，更强调团队成员的合作学习和群体智力（团队智力）的开发。

随着知识经济时代的到来，团队环境也发生了深刻的变化：全球化竞争加剧，技术发展迅猛，顾客对产品、服务的质量要求不断提高，人才争夺战日益激烈……这些因素给团队带来了前所未有的压力。在这种情况下，团队必须加强学习能力，不断汲取知识。现代团队只有通过不断学习，才能获得承受更大压力的能力，创造更高的绩效。事实上，在我们的身边，那些能够在竞争激烈的市场环境中，得到不断发展进步的组织，就是因为它们注重学习，将自我的团队打造成一个学习型的组织。现在，就让我们一同来看看英国的最大汽车制造厂商是怎么做的。

Rover是英国最大的汽车制造厂商，它曾经陷入了困境：每年亏损超过1亿美元，产品质量低劣，劳资关系恶化，前景一片黯淡。然而没过多久，Rover摇身一变成为全球最富生命力的汽车制造厂商之一，Rover汽车全球销售几乎扩大了一倍，产品质量优异，几乎囊括了业界所有的质量奖。到1996年，其年产汽车500多万辆，年销售额超过150亿美元。在全球汽车市场复苏的1993—1994年，Rover的销售额竟增加了16%！不仅一举扭转了巨额亏损，而且赢利颇丰（1994年赢利560万美元），人均创收增长了4倍！

Rover振兴的秘诀是什么呢？调查显示，Rover之所以能重振雄风，靠的就是通过团队学习，磨炼出别人难以模仿的强大的执行力。

这都得从格拉汉姆先生临危授命，成为Rover集团董事会主席说起。上任伊始，他就一眼看出Rover面临的巨大压力——日益激烈的全球竞争、新技术日新月异、高素质人才的匮乏以及顾客对产品的挑剔，等等。凭着对团队的透彻了解和远见卓识，格拉汉姆先生认为，要想在激烈的市场竞争中生存和高效发展，除了成为学习型团队，Rover别无选择。

Rover走的第一步，就是成立了专门学习管理机构——学习事业部。在成立大会上，格拉汉姆先生说："我们别无选择，只有破釜沉舟，矢志成为学习型团队，才有出路。"当天，公司即向全体成员和世人公开宣布，团队学习将成为Rover生存与复兴的基石。

作为一个独立的实体，学习事业部的主要职责是促进全公司范围内的学习，力求使学习成为团队内每个人、每个部门乃至全公司工作不可分割的一部分，并为学习提供必要的支持与帮助。通过学习事业部的工作，公司成员的新知识和工作经验日益丰富，极大地提高了团队的整体素质，进而使Rover很快重振雄风。

团队的成长壮大也是一个不断学习的过程。毫不夸张地说，不断的进步与革新依赖于不断地学习。为了保持团队长期高效的发展，这可能是最重要的一条原则了。如果团队不是连续的进步，就很难长期生存下去。如果不再永续革新，同样也很难长期生存下去。如果一个团队两方面都没有

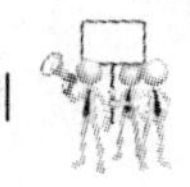

做到，团队必将被市场吞噬，成为后人引以为鉴的教训，成为聪明人自省的镜子。正如《第五项修炼》的作者彼得·圣吉所说："学习智障对孩童来说是个悲剧，而对团队来说，可能是致命的。"

那么，怎样打造学习型团队呢？打造学习型的团队，有以下几个要点。

1. 促使成员学习

打造学习型的团队首先要让团队成员学习。在《第五项修炼》中有两项修炼：第一项，自我超越；第二项，心智模式。这两项修炼的个人针对性比较强。所谓"自我超越"是个人成长的学习修炼。具有高度自我超越的人，能不断扩展他们创造生命中真正心之所向的能力，从个人追求不断学习为起点，形成学习型组织的精神。因为只有通过个人学习，组织才能学习。虽然个人学习并不保证整个组织也在学习，但是没有个人学习，组织学习无从开始。所以"自我超越"是组织学习的起点。

2. 培训制度是必不可少的

成员培训制度，是建立学习型团队的有效手段之一。市场的变化和技术的发展要求企业成员不断地学习新的知识和技能，否则就不能适应市场的变化，不能胜任工作。很多大企业都把企业培训看作是提高企业竞争力的重要手段，有的企业甚至成立了企业大学来培训自己的成员。

在现在的就业市场上，有没有培训制度已经成为成员选择就业岗位的一项重要条件，企业也把培训机会作为工资之外的一种回报手段。对于一个学习型的团队来说，企业培训并不是由于技术和经营上的落后才进行的，企业培训已经成为持续不断地学习和创新的手段和工具。企业培训不仅包括技术和业务培训、知识和技能培训，更包括企业精神和文化的传递与传播。特别是对于新进入团队的成员，这些培训是必不可少的。团队的培训可以融合在业务运营和公司活动之中，形式可以多种多样。培训必须讲求效果，当然这并不是说非要有什么形式的考试不可。团队成员的培训必须是有计划的、普遍的，不能是随机的，那样会挫伤成员学习的积极性，并且损害企业的沟通交流氛围，最终破坏公司的合作文化。

3. 交流成功的经验

处于学习型组织中的成员，总是能够形成一种业务学习和探讨的氛围，在这样的氛围中成员们能够积极地参与业务学习，交流成功的经验，探讨业务技能和创新。这种氛围的形成取决于一定的团队文化之下的行为规范。一般而言，在一个具有业务利益竞争的环境下，每一个人都有保守自身“业务秘密”的本能行为，这是不可避免的，这种情况在销售部门的各个业务人员身上表现得尤为突出。但是，总有办法通过划分业务的范围和业务分层，使得团队成员的竞争非直接化。把团队成员之间的直接业务竞争限定在一定的范畴之内，可以使得成员之间的交流和沟通成为可能，否则团队精神就会荡然无存。还有业绩考核体系，因为管理层可以制定不同的考绩和奖励方法，从而就有可能通过方法的选择促使成员选择协作还是非协作式的行为。

有一个研究案例是这样的。

某公司为了提高销售人员的推销策略和销售技巧，希望业务人员能够把各自在销售实践中的经验和技巧贡献出来让大家分享，便特别设立了每季度一次的销售方案评奖。具体分为目标客户选择、产品展示方案、客户服务方法、最佳销售体验等奖项，每一个销售人员都把自己的得意之作做成演示文档参加评奖，最后把所有的方案都汇集起来装订成册，发给大家学习参考。几个回合下来，这个公司各大区的销售就取得了突飞猛进的发展，公司也形成了很好的业务学习和探讨的风气。原来公司准备组织的业

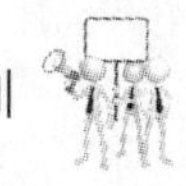

务观摩，已经演变为业务人员之间经常性的互相交流和切磋。当然，在不同性质的部门，需要使用不同的方法和激励政策来鼓励这种交流和学习。

一个团队学习的过程，就是团队成员思想不断交流、智能之火花不断碰撞的过程。如果团队中每个成员都能把自己掌握的新知识、新技术、新思想拿出来和其他团队成员分享，集体的智能势必大增，就会产生“1 + 1 >2”的效果，团队的学习力就会大于个人的学习力，团队智商就会大大高于每个成员的智商，整体大于部分之和，这就是学习型的团队的力量。

第五章

化解冲突：向管理要利润需要团队的和谐

任何的事务都是从内部开始瓦解的，众多的企业所获取的利润微薄，甚至是难以获取利润，其中有一个主要的原因就是在于——团队内部之间出现问题所产生的内耗。因此，企业要想持续不断地创造出利润，就是要打造一支和谐的团队，减少内耗。

优势互补，扩大个人创造的价值

在一个企业里，仅靠一两个骨干单打独斗地创造利润，显然不足以支撑整个公司业绩的维持和提升。只有打造出高绩效的团队，优势互补，才能让利润产生倍增的效果！

如果问什么才是企业的命脉？毫无疑问，你的回答肯定是利润。确实如此，一个企业只有创造出利润，只有持续不断地创造出利润，才能在激烈的竞争中不断地发展，立于不败之地。而要让企业不断地创造利润，就要让组织里的每个人都能做出成绩，创造出价值，最可行与最有效的办法就是打造一支众志成城的团队。

芝加哥公牛队是NBA历史上最伟大的球队之一。1998年7月，它在篮球总决赛中战胜爵士队后，已取得第二个三连冠的骄人成绩。但公牛队的征战并非所向披靡，而是时刻遇到强有力的阻击，有时胜得如履薄冰。那时，NBA有很多篮球专家都在仔细地研究公牛队的战术特点，同时也制定出了一系列对付它的办法。其中，办法之一就是让乔丹的得分超过40分。

这办法听起来挺滑稽，但对手言之有理：乔丹发挥不好，公牛队固然赢不了球，乔丹正常发挥，公牛队胜率也最高；如果乔丹在比赛中过于突出，公牛队的胜率不升反降。因为，乔丹得分太多，也就意味着公牛队其他队员的作用在降低。公牛队的成功有赖于迈克尔·乔丹，但更有赖于乔丹与队友的协作。

足球运动也同样如此，它需要强烈的协作精神和良好的团体配合。不管是球王贝利，新球王马拉多纳还是球星罗马里奥、罗纳尔多，都不可能在没有队友配合的情况下光芒四射、熠熠生辉。

企业创造利润也是同样的道理。在一个企业里，仅靠一两个骨干单打独斗地创造利润，显然不足以支撑整个公司业绩的维持和提升。只有打造出高绩效的团队，优势互补，才能让利润产生倍增的效果！

希望集团刘氏四兄弟都是老板，都是公司的第一把手。他们所学专业不同，个人特长和能力也不一样，但是差异并没有造成分歧，他们懂得优势互补，相互借用，发挥协作的精神。老大有魄力，是决策的核心；老二精于技术和管理，是经营上的主心骨；老三务实勤奋，把整个家当都押出去了；老四能说会道，负责跑供销。四兄弟四股绳，拧在一起就特别有劲，没有什么办不到的事。当他们四兄弟小有成就成为中华大地为数不多的富翁时，他们没有分道扬镳，而是继续合作。既然能够共患难，那么就能共同分享成功的喜悦。话说起来简单做起来就特别难了。功成名就之后，危机感消除了，变故也在酝酿中。但希望集团不一样，四兄弟深知，只有“航空母舰”抗风浪能力才强；只有团体出击，才不至于孤立无援。因此，四人仍是一个集体，只是每个人都开拓了一个领域，在自己熟悉的海域中扬帆远航。

在硅谷有这样一个“规则”：有两个 MBA 和 MIT 博士组成的创业团队几乎是获得风险投资人青睐的保证。这只是一个故事，但里面蕴涵着这样一个真理：一个优势互补的创业团队对于高科技企业举足轻重，研发、技术、市场、融资等各方面组成的一流的合作伙伴是创业成功的法宝。同时也说明，一个团队在成立之初就需要有良好的组合，如果组合搭配不好，则会影响团队整体的效率。

建安二十五年（公元215年），曹操西征张鲁，东吴孙权见有机可乘，率军攻打合肥。镇守合肥的三员大将是张辽、李典、乐进。他三人论资历、能力、地位、职务，不相上下，也正因为这样，所以三个人互不服气。此时大敌当前，是战是守，三人观点不一；谁为主将，谁为副将，这个问题也很棘手。曹操早已做了安排，此时护军薛悌，拿出曹操预先留给三人的信函，上面写道："若孙权至者，张、李将军出战，乐将军守城。"

曹操对三人的脾气、秉性了解充分，对三人的矛盾也了如指掌，做出上面的安排很有道理。张辽，文武职务都担任过，有胆有识，而且深明大义，一切以大局为重，最适合做李典、乐进的上级。乐进，虽然"容貌短小"，但是脾气暴躁，攻城拔寨，身先士卒，是员猛将。李典，喜好做学问，举止儒雅，与人和善，不与人争功。他虽然跟随曹操的时间长，但从没有独当一面。

果然在张辽的带动下，三人以大局为重，各负其责，协调一致，大败孙权。

曹操能够雄霸天下，和他能对人才各用其长并能互相配合的做法分不开。按一般领导的用人方法，以李典守城，以张辽、乐进出战作安排。而曹操让乐进守城，张辽不会计较个人得失，李典"不善与人争功"，二人肯定会协调一致。

可见，人才只有合理搭配，才能整合团队力量。一个人即使再能干，其个人的力量终究是有限的，组织部门在选人用人时，要认真研究个体，通过合理搭配，发挥出整体效益。常常遇到这样的情况：虽然有的团队成员个人能力都很强，但整体力量并不见得好。这样的团队往往因为彼此并不服气，配合不默契，形成内讧，工作难以顺利开展。而有的团队看起来成员间能力参差不齐，各有所长，由于做到了优势互补，配合默契，工作中常能取得好成绩。

一堆机械零件和螺钉，堆在一起只能算作一堆废铁，但是如果能把这些零部件组装成一台机器，那它的价值将有质的飞跃。在一个团队里，不在于人才的多少，也不在于人才的水平高低，而在于相互配合，团结合作。

人才组合不一定都要追求“强强联手”，重要的是要追求优势互补。比如，著名的美国兰德公司和伦敦战略研究所，在用人上就并非一味地追求增加清一色高素质、有创新能力的研究人员，而是采用“1+1”用人制，即一名研究人员与一名辅助人员搭配，让研究人员尽力发挥创造力，让辅助人员努力配合，保障研究人员的创造活动。

因此，一个团队里，既要有技术人员，又要有管理人才，既要有知识面广的通才，又要有专业精深的专才；既要有经验丰富、稳重老练的老员工，又要有精力充沛、思想敏锐的年轻人。这样，使员工们可以做到能力互补，相互配合，完成各项不同的任务，实现企业获利的目标。

再优秀的团队也会存在内在冲突

作为企业的管理者，既不要竭力回避冲突，也不要把矛盾激化，领导者必须要“以和为本”，处理好企业内部的矛盾，打造一个和谐的团队。

有人的地方就有矛盾，一个企业中，少则十几人、几十人，多则几百、几千人，甚至更多。而每个人有自己的性格、观念价值、处事方式，大家在一起工作处事，矛盾冲突是在所难免的。

作为一名领导者，在团队发生冲突之后，不要因忽视冲突的存在，而不予行动。更为关键的是，要正确地处理这些矛盾和冲突，才能把团队的

损失、内耗降到最低。当然，要想做到这一点，就要树立正确的观念及态度，平日多吸取有关冲突管理的知识与技巧，及时妥善地防止与消除冲突。

一般来说，团队内引起矛盾冲突的原因有以下几种情况。

1. 处事策略不同产生矛盾冲突

个性和认识决定了一个人的处事策略，而每个人的个性和认识往往是不一致的，这就导致了人与人之间在处事策略方面的差异，这些差异之处如果没有得到有效调和，就会产生矛盾冲突。换句话说，由于人们处理事情的方式、方法以及对问题所持有的态度与重视程度不尽相同，在很大程度上会导致人与人之间的矛盾。

在一般情况下，处于矛盾中的当事人不会轻易放弃自己多年的办事作风，除非真正让当事人双方认清他们各自的方法对工作问题的解决是有利还是有弊，并且用实际行动告诉他们正确的处事方法将会带来的巨大收益，才有可能化解矛盾，消除摩擦。

处于“情绪激动”状态的人，对于对方的任何辩解都是无法听进去的，这时第三者的介入会把双方的注意力引向一个共同的方向，为最终的谅解提供了可能。

2. 责任归属不清产生矛盾冲突

部门的职责不明，或每一个职务的职责不清，这样也会造成冲突。职责不清主要体现在两个方面：一是某些工作没有做，二是某些工作出现了内容交叉的现象。

许多人际关系方面的矛盾与责任常常是混淆不清缠杂在一起的。也许矛盾的双方对问题都负有责任，然而，主要责任还是应该由一个人来承担。这也正是处理双方矛盾的关键：明确责任的归属。

3. 个人情绪产生的矛盾冲突

人的情绪无法预测，很难控制。在处理情绪冲突时，最好的方法是设身处地地替员工着想。如一位员工在一大早赶来上班时，由于急着赶车忘记拿伞，在路上被淋得浑身湿透了，更糟糕的是这位员工在挤车时又不慎丢失了钱包，虽然没有什么特别贵重的东西，但还是将半个月的工资搭了进去。当他气冲冲跑进公司时，已经迟到10分钟了，显然，这个月的奖金又悬了。这一切遭遇对一个性子暴烈的人来说，是很难容忍的，他要发泄，最终与同事发生了口角，矛盾产生了。解决这类情绪所造成的矛盾，你最好用一颗爱心与同情心来处理。

4. 对有限资源的争夺

有限资源具有稀缺性，这种稀缺性导致人们展开了各种形式的争夺。这种争夺在一定程度上会导致冲突。对一个组织来说，其财力、物力和人力资源等都是有限的，不同部门对这些资源的争夺势必会导致部门之间的冲突。

5. 价值观和利益不一致

价值观和利益的不一致是冲突的一个主要成因。价值观是一个人在长期的生活实践中形成的，在短时期内是很难改变的，因此，价值观的冲突也是长期存在的。利益的冲突体现在两方面，一是直接利益冲突；二是间接利益冲突。比如待遇不公平就是直接利益冲突；而培训机会、发展机会等问题引起的冲突，则体现为间接利益的冲突。

6. 角色冲突

由于企业的角色定位不明确或员工本人没有认清自己的角色定位，也

会引起冲突。例如，某部门经理未经授权干涉其他部门的正常工作，两个部门之间肯定会发生冲突。在企业中，角色冲突的根源在于企业角色定位不明确，由于领导管理者没有进行有效的工作分析，有关企业的岗位职责等文件照抄照搬其他企业的模式，没有认真考虑是否符合自己企业的实际情况，这样做肯定会导致企业的角色定位不明确。

作为企业的管理者，既不要竭力回避冲突，也不要把矛盾激化，领导者必须要"以和为本"，处理好企业内部的矛盾，打造一个和谐的团队。

等冲突出现不如防患于未然

防患于未然就是事先做好思想工作，打预防针，把矛盾冲突产生的条件和环境破坏掉，这就大大降低了矛盾产生的可能性，这比矛盾发生后再去处理要高明得多。

员工之间发生了矛盾无论解决得如何好，都会在员工双方的心里烙下印记，这就像写错了字，再好的橡皮和再高明的涂改技术都无法完全消除留下的痕迹。因此，作为企业组织的管理者，与其天天忙着解决下属之间的矛盾，为其焦头烂额，不如提高自己的防御能力，防患于未然，从根本上防止矛盾的发生。

有一次，魏文王问名医扁鹊："你们家兄弟三人都精于医术，谁的医术最高呢?"扁鹊答道："我大哥最好，二哥次之，我最差。"文王再问："那么为什么你最出名呢?"扁鹊答："我大哥治病，是治病于病情发作之前。由于一般人不知道他事先能铲除病因，所以他的名气无法传出去。我二哥治病，是治病于病情初起时，一般人以为他只能治轻微的小病，所以他只在本乡有名气。而我是治病于病情严重之时，一般人都看到我在经脉上穿针放血、在皮肤上敷药等大手术，所以人们都认为我医术高。”

同样对待员工之间的矛盾，从管理学控制论的角度看，事后控制不如事中控制，事中控制不如事前控制，也就是说最好能做到防患于未然。现实中，许多企业负责人因忙于各种事务，在对待员工之间的矛盾时往往只是事后控制，如果管理者处理矛盾的艺术性不强，矛盾会越处理越多，越多越忙，越忙越乱，越乱越忙。结果是企业组织乱作一团，甚至根本无法正常运转。所以说，不让矛盾发生是“防火”工作，矛盾出来后解决矛盾是“救火”工作。

领导者要树立正确的观念，平日多学习有关冲突管理的知识与技巧，做到防患于未然。那么如何才能有效地避免冲突的发生呢？以下几个方法可供管理者参考。

1. 建立良好的沟通渠道

沟通不畅是造成冲突的主要原因之一。良好的沟通方法可以有效地传达信息给对方，达到互动的效果。我们有与他人分享思想与情感的需要，我们需要被了解，也需要了解别人。有效的沟通使人与人之间能够舒畅地互相表达情怀与有意义的信息。在与人沟通时，管理者要有虚心接受他人意见的气度。

2. 工作分配明确、稳定

当工作内容定义明确，能为员工所理解和接受时，冲突自然就不易发生。而当任务极度不明确、不确定时，最有可能发生冲突。所以，领导者在安排工作时，应理清工作的内容，尽量避免权责不清。

3. 工作搭配合理

作为企业组织负责人，应对每一名员工的禀性、气度、特点、优缺点都了如指掌，在日常的经营管理工作中巧妙安排，尽量使员工之间做到和谐相处。如：两个人性格不合，应尽量减少两人工作的交叉重复；两个人工作习惯悖逆，很容易产生矛盾，应尽量少安排两人共同做事；两个人心眼儿都很小，就应避免两人利益的捆绑或让两人来自行分割利益。

4. 增加资源并且平均分配

如果是因为资源有限而引起冲突事件，则应增加组织资源来满足各方的需求。解决之道包含共同分享有限的资源、制定公平的竞争规则、双方协调提供互换条件或抽签决定等。而组织的资源应平均分配，不能顾此失彼。资源分配如能满足各方面的需求，冲突自然会减少。

防患于未然就是事先做好思想工作，打预防针，把矛盾冲突产生的条件和环境破坏掉，这就大大降低了矛盾产生的可能性，这比矛盾发生后再去处理要高明得多。所以，领导要多花些精力和时间在预防上，如此能使建立和谐的企业内部环境变得更加容易。

别让下属的不良情绪成为利润的“毁灭弹”

员工如果拥有积极正面的情绪，其潜能就比较容易发挥出来，而情绪低落的员工的工作效率将会大大降低，情绪严重的话可能会影响企业获得利润。

企业的领导关心最多的是员工的工作，很少去关注他们的心情，关心他们的情绪。要知道，员工的不良情绪会直接影响他们的工作效率，严重的话会给企业带来不必要的损失。

余肖是一家饭店的收银员，平时工作认真仔细，从来没有出过差错。有一次，因为一件私事，她与同事吵了一架。吵架之后，她带着怨气上班，心里却仍然在想着刚刚吵架的事儿，而领导也没有发现这名员工的情绪变化，仍然安排她在柜台进行收银业务操作。

在为一个包厢的客人结账时，余肖放不下心中的烦恼，注意力不集中，未能认真核对账单，结果在客人刷卡结账时，她把3570看成了357，一下子少收了3000多元。虽然事后通过协调追回了这笔钱，但是这件事给客人留下了不好印象，也影响了饭店的形象。

这个案例给了我们一个深刻的启示：情绪管理是人管理中不可忽视的内容。因为情绪会直接影响工作质量，不良的情绪有时候会成为利润的“毁灭单”，严重影响企业的效益。聪明的管理者应该学会管理员工的情绪，在他们快乐时给予表扬和鼓励，在他们情绪低落时，给予安慰和体贴。

正如盖洛普机构的主席兼CEO詹姆斯·克利夫顿所说的：“有效人员管理的精髓就是管理情绪。”其实这个说法是很有道理的。心情处理不好，事情怎么能做好，员工的情绪状态对工作绩效有很大的影响，处在积极、自信、热忱、快乐的情绪状态和处在烦恼、无聊、消极、挫折感等负面情绪状态，工作绩效会有很大的不同。员工如果拥有积极正面的情绪，其潜能就比较容易发挥出来，而情绪低落的员工的工作效率将会大大降低，情绪严重的话可能会影响企业获得利润。

可见，在管理中，领导者一定要管理好员工的情绪。

1. 做员工的贴心人

要善于观察和发现有情绪的员工，找准情绪问题的根源。针对问题的特点，采取不同的措施，疏通、理顺员工的情绪。对于工作中存在压力较大的员工，要适当减压。当员工情绪不佳、积极性不高、工作效率下降时，也可以找专人做工作。对于情绪波动严重的，可以安排其休息，调整心态。

2. 及时处理员工的不满情绪

如果发现员工有不满的情绪，一定要及时慎重地处理。“水可载舟，亦可覆舟。”不能让员工的不满情绪越积越多，发现员工有不满情绪要及时了解情况，及时解决处理；否则不满情绪越积越多，就像充气的气球，到了一定程度就会爆炸。因此，管理者要多听取员工的意见，关注员工的反应，不能粗暴地对待员工，不可让员工积累不满。

3. 畅通与员工沟通的渠道

建立畅通的沟通渠道，如，一些重大事项及时向员工公开，多开展恳谈会、座谈会，在网上开办论坛，开通员工信箱等。还要加强交流。沟通交流能够增进对情绪员工的内心世界的了解，帮助其发泄其心中的压力，消除怨气。

4. 注重激励工作

人们都是喜欢接受赞美的，员工的情绪可能会因管理者的激励而改变，最好的激励方法是称赞对方的工作成果。

5. 做员工的倾听者

管理者发现员工情绪不好时，可以用朋友的身份询问员工发生什么事，细心聆听、慎给意见；最重要的，是绝对保密，永不将员工的私事转告任何人，才能得到对方的信任，得以安心投入工作。

6. 加大关爱员工的力度和广度

只有真正地尊重员工、体贴员工，关注员工个人的发展、工作中的困难、心理感受、家庭困难等，员工才能热爱企业，维护企业利益，从而凝集人心，激发活力。

7. 容忍员工的不安情绪

管理者应体谅员工的不安情绪，做出有限度的容忍，但必须视情况而定。例如某员工近日魂不守舍，在工作上出现些错误；但每天仍然准时上班下班、又没有时常称病告假，作为管理者，应有一定的度量。皆因不快事可以用时间冲淡，况且该员工仍以工作为重，从不失误。不过，如果遇上经常发脾气，又称病不上班，或时常迟到、无心工作的员工，就必须加以引导。

8. 站在员工的立场想问题

员工向你抱怨，最希望先得到你的共鸣，再获得解决方法。尝试站在员工的立场想想，重复他所提过的问题，并让他知道，你了解他的心情。

此外，一个管理者要想不让员工积累不满情绪，在平时的工作中，就要做到以下方面。

关注员工在工作上的意见，尽快解决可以解决的问题，消除员工可能产生的不满；关怀员工的生活，不要让员工因生活质量太差而怀恨在心；

对员工以礼相待，尊重员工的不同意见，不羞辱员工的人格；管理者在做错了事时要勇于承担责任，敢于坦率认错，不可推诿责任给员工，使员工产生愤懑和委屈。

有位管理大师说过："我们要照顾好员工，他们就会照顾好客户，进而照顾好我们的利润。"所以说，各级管理者要重视员工的情绪管理，不但要消除员工的不良情绪，还要让员工的情绪高涨起来，只有这样员工才会全身心投入到工作中，提高工作业绩，为企业创造更多的利润。

有效处理团队成员冲突的技巧

> 管理者在组织发生冲突之后，不要因忽视冲突的存在，而不予行动。要树立正确的观念及态度，平日多吸取有关冲突管理的知识与技巧，及时妥善地防止与消除冲突。

冲突是任何组织中不可分割的一部分，其蕴涵着异议及分歧，是管理者经常面对的关键性问题。冲突可以有助于解决双方的对立，使相互关系达到高度的稳固和紧密。允许员工对其见解进行直接迅速表白，组织系统就能够不断地调整自己的结构。冲突之后，员工不满的根源就消除了，更有助于建立牢固的团体。因此，管理者在组织发生冲突之后，不要因忽视冲突的存在，而不予行动。要树立正确的观念及态度，平日多吸取有关冲突管理的知识与技巧，及时妥善地防止与消除冲突。

1. 正确面对职员的矛盾

（1）不掺和是非

"掺和是非麻烦多"这句话对领导管理者来说是一个真理，虽然这听起来有点明哲保身的味道，但为了预防万一，免得使自己陷入是非旋涡中纠缠不清，领导管理者必须注意在解决矛盾时要置身事外。

（2）不“火上浇油”

当职员间出现摩擦时，你首先要保持冷静，不要急躁，否则你的情绪对矛盾双方将无异于火上浇油。此时，你不妨来个冷处理，不紧不慢之中给人以此事不在话下之感，人们会更相信你能公正处理。假如你自己先“一跳三丈高”，处理起来显然不太合适，效果也不会很好。

你可以采取这样一种巧妙的做法，即“单独接见法”。单独接见时，请他心平气和地把事情的经过讲述一遍，你不要插话，也不要指责谁对谁错，也许他们双方所说会有出入，且都有道理，但你也不要去证明他们谁说得对，你只着重在淡化矛盾上下功夫就可以了。

（3）不影响工作

有人会说如果同事之间闹矛盾而不影响工作，那简直是“天方夜谭”。是的，如果两个职员之间彼此不喜欢对方，双方之间经常发生口角，又怎么会不影响工作呢？但是，你可以采取一定的办法把影响降到最低。

比如，你可以教育他们让其把注意力更多地放在工作上而不是放在彼此的关系上。如果他们仅仅是因为相互不喜欢而发生矛盾，没有必要大惊小怪，因为这不一定预示着工作效率的降低。只要他们能以工作为重，意识到有正事要做，就算他们不喜欢某位同事，也只是既成事实，而不会成为麻烦。

（4）保护好自己

这并不是教你要自私自利，但是现代社会中人与人之间的关系的确是很难预测的，仅通过表面你又不能看出什么，所以你还是保护好自己，小心谨慎点儿，做个“有心计”的人比较好。比如，你手下两位一向要好的职员甲和乙，最近竟然分别在你眼前数落对方的不是，然而两人表面上依然友好。你生怕两面皆讲好话，会被他们认为是“两头蛇”。其实除了这

点，你更该小心，因为另一个可能性是，甲乙是否在试探你？

你如果发现他们两人是别有用心地在试探你，那你可就要小心为妙了。跟他们说：“对不起，我的看法对你们并不重要呀！”他们必然无功而退。

（5）要暗中解决矛盾

矛盾应尽量暗中解决，不要张扬出来。因为人们都有爱面子的心理，私下解决就给矛盾的双方保留了面子。但对那些不伤面子，同时又有普遍教育意义的可以公开出来，起到教育其他下属的目的。

（6）不是工作矛盾，不要轻易介入

现实中下属之间的有些矛盾不是工作矛盾，如恋人之间的矛盾，不要轻易介入。一旦介入，很有可能把自己套住甚至套牢，因为清官难断家务事。当然，下属之间的这些非工作原因产生的矛盾有时确实也会对工作产生不良影响，那么作为领导者应该从影响工作的角度来做其思想工作，必要时做善意的提醒。

（7）不要一味忍让

矛盾的发生无论原因在领导还是在员工，领导都不能一味忍让。责任在员工，适当给予宽容，也要给予指出。否则他会浑然不觉，以后还会出现类似的错误。责任在领导，进行有效处理后，对于一些不知深浅的员工，也不能一味忍让。宽容并不是愚蠢，退步不等于软弱，在适当的时机，予以反击，以阻止员工无休止的纠缠。

2. 解决员工之间矛盾的方法

（1）协商法

这是一种常见的解决冲突的方法，也是最好的解决方法。当冲突双方势均力敌，并且理由合理时，适合采用此种方法。具体做法是：管理者分别了解冲突双方的意见、观点和理由，然后组织一次三方会谈，让冲突双方充分地了解对方的想法，通过有效沟通，最终达成一致。

（2）上级仲裁法

当冲突双方敌视情况严重，并且冲突的一方明显的不合情理，这时采用上级仲裁法，由上级直接进行了断比较合适。

（3）拖延法

双方的冲突不是十分严重，并且是基于认识的冲突，这些冲突如果对工作没有太大的影响，采取拖延法效果较好。随着时间的推移和环境的变化，冲突可能会自然而然地消失。

（4）和平共处法

对于价值观或宗教信仰的冲突，易采用和平共处法。冲突双方求同存异，学会承认和接受对方的价值观和信仰，这样才能共同发展。

（5）转移目标法

当员工自身产生冲突时，采取转移目标法更为有效。比如，让员工将注意力集中在某个兴趣点上，淡忘那些不愉快的事情等。

（6）教育法

如果员工是因为一些不切实际的想法而产生自身冲突时，管理者可以帮助员工认清自身的现实情况，教育员工用正确的方法来看待问题、认识问题，从而帮助员工缓解冲突。

综上所述，在面对职员的矛盾时，管理者要镇静面对，合理制定出解决矛盾纠纷的方案，做好与双方职员的沟通工作，顺利解决双方的矛盾，使他们双方摒弃前嫌，化干戈为玉帛，从而使你所管理的团队的工作质量和办事效率大大提高，使你个人在团队中的威望与日俱增。

第六章

明确指示：向管理要利润需懂得布置工作

只有企业的员工在工作中执行到位，所做的工作结果达到要求，才能让工作任务产生最大的价值。这也是企业的利润点。在日常的管理工作，管理者在向下属交代工作任务的过程中，为了能够消除彼此之间的误会，让下属把工作做得更到位，就必须在布置工作任务的时候做到明确指示，要求标准到位。

转变身份，调整与下属的关系

在布置与监督工作时，我们一定要明白这一点，积极主动去调整与下属之间的关系，千万不要因此而给布置与监督工作带来不必要的影响。

传授经验、指导员工，是帮助员工提升工作效率，创造价值利润的最重要的一个环节。在布置与监督工作时，命令员工做事与指导他们如何完成工作，其中有极大的差别。一些领导管理者在任务布置下去之后，只问进程和结果，而从来不会去询问有什么样的困难，是否需要帮助。同样是难以取得较好的效果的。

下面所说的那家公司的负责人就是前车之鉴。

在一家美国大型跨国组织举行的计划会议上，该公司最大事业部之一的负责人提出一项策略，可将欧洲市场的占有率从第三名提升到第一名。这是一个野心勃勃的计划，其中关键在于是否能大幅提升在德国的市场占有率。

公司 CEO 听完简报后称赞道："这是非常精彩的简报。"然而他也指出，该事业部在全球最强劲的竞争对手，其母公司正位于德国，规模有我们的四倍大。CEO 问道："你要如何增加市场占有率？哪一类客户是你计划争取的？你要用什么产品与竞争优势来击败德国对手常保市场占有率？"

事业部的负责人对这些问题无言以对。于是 CEO 转而评估组织本身的实力。他问道："你有多少业务员？"负责人回答："10 个人。"他接着问道："你的主要对手又有多少业务员？"负责人突然显露局促不安的神情，说："200人。"

CEO最后的问题是："你手下德国分公司的主管是谁？他是不是刚由别的部门调来不久？他和你之间还隔了多少层级？"这位CEO只提出几个简单的问题，就暴露出策略中的弱点，也是日后落实上必然招致失败的关键所在，他提问的目的是要指导自己的团队如何做出务实的计划，并且更好地落实。

CEO剖析道："也许还是有办法让这个方案能顺利运作。我们无须全面出击，为何不分析市场，找出竞争对手比较脆弱的环节，以快速的行动力胜过对方？他们的产品有哪些缺口？我们是否能研发出填补那些缺口的产品？又该如何找出需要这些产品的客户，针对他们来加强业务推展？"

会议结束时，事业部负责人对这些充满挑战性的问题跃跃欲试，也同意重新思考整个计划，在90天后提出更可行的修正方案。在场的每一个人也都学到了重要的一课，了解如何剖析策略流程。

正是因为如此，作为一个管理者，你所要求下属落实的目标，他们真的清楚，并且坚信吗？在落实前，你是否结合他们所在的立场，和他们一起讨论过具体落实的方法与策略？在落实中，你自己又是如何进行动态的监管，并提供及时的指导？当下属落实不力时，除了发挥"职位的威慑"，来自你的建设性意见，又有多少呢？这些都是关系到落实效果的直接因素。可以这么说，这些方面的工作直接决定了整体落实能力的优劣。

著名组织家裴洛认为管理者有三个重要的职责：第一，照顾客户；第二，赚取利润；第三，指导员工完成第一和第二项工作。裴洛说的没错，管理者不单单是领导，更是老师和训练者。每一个管理者都应该是一个好的老师和教练，并且具备一定的指导能力。如果管理者只会自己做事而不会指导下属开展工作，不可能取得很大成功。

领导者在布置与监督工作时之所以要这么做，是因为：由于信息的不

对称，管理者总是比下属掌握更多的内外部资讯，这些资讯，包括来自更宏观的市场、来自组织高层、来自公司内其他支持部门；由于职位的影响力，管理者也比下属更能发现和解决实际落实中较大的隐性障碍，有些困难在下属看来，甚至是不可逾越的，但在管理者的指导下，就有可能轻松地解决问题；由于事实上的上下级关系，管理者和下属之间在公司内部已经形成事实上的“传、帮、带”关系，而这种关系，是其他部门的人，包括间接上司，都不愿意或者很难介入的，所以作为上司，指导力又成了一种指导职责，换句话说：你不指导，谁来指导？富有指导力的管理者，是那种不仅会指点山河，还能够画行军地图的人。只会待在指挥部里，听取最后战报的上司，落实后的结果不会遂他所愿，最后他听到的，也常常是一些坏消息，更糟糕的是，往往又都到了木已成舟的时候。

用准确的词语告诉对方你要的是什么

> 详细地说出号令的内容不会有任何的坏处，命令下达得十分清楚明确，下属的士气才会大为提升，并且精力充沛，积极努力地完成任务。

在安排任务、布置工作中，许多领导者常犯的一个错误是指令不明确，其具体表现就是语焉不详，或者是可伸缩的空间很大，下属这样做也行，那样做也无不可。这样不明确不具体的指令很显然是无效的，因为下属根本不知道该如何去做。

某位科长，因为得不到下属的协助而痛苦，他向前辈诉苦，前辈提醒他：“你在命令下属时，是否明确地指出了命令的内容和目的呢？”经前辈

的提醒，这位科长才突然醒悟，原来在这之前，他从未对下属说明命令的目的，于是他改变了做法。“这个资料必须在下周举办的职工大会上提出，所以，你必须在会议举行的前三天完成它。这个资料除了要登报，还要刊登在求职杂志上，你要考虑到这一点，并且尽快把它做好。”

上述的这个命令就下达得十分清楚。

作为领导管理者，在分派任务、指挥工作时，发出的指令要明确，不能模棱两可。有些管理者为了说话不死板，喜欢经常用“也许”“可能”这样的字眼，殊不知，命令就是命令，并不是好说好商量的聊天。例如：“明天有个会议，也许你应该去听听。”在下属听来，好像是可去可不去似的。如果不去的话，又怕是重要会议；但如果去的话，又怕是不重要的会议，阻碍了做其他事情。下属总不能反问领导管理者：“也许是应该去，还是不用去?”这样问，无疑是在批评领导管理者的指令不明确，但是不问清楚，又怕被领导管理者指为擅自主张。所以，管理者在发布命令时，要尽量明确。

某领导对秘书说：“给我致电总行的张经理，约他下星期一到我的办公室来。”秘书小姐如言电约，但对方称下星期一要开重要会议，而他过两天便要出国，建议不如将约会改在明天。秘书想将张经理的话向领导转述，但是一连两天，领导均属假期，根本没有机会提及。待领导上班时，秘书才将张经理的话复述，此时张经理已身在国外。该领导责怪秘书何以不早说，因为他找张经理，就是要商谈托他出国办的事情。

秘书感到沮丧，因为在这件事中，她根本没有做错或遗漏，问题只是领导的指令不明确，欠缺了提及找张经理的大概目的，以致秘书在张经理提及去法国时，未能及时挽救，要张经理直接与领导联络。

当你发布使人容易明白、简洁而清楚的命令时，员工们就会知道你想做什么，他们也就会马上开始去做。他们没有必要一次一次地回到你那里只是为了弄清楚你的话。在多数情况下，一个下属没有做好领导交给的工作的主要原因就是他没有真正弄明白你要做什么。如果你希望别人丝毫不走样地执行你的命令，那么命令的清晰明确是绝对必要的。这是领导必须要遵守的一个牢固的规则。

许多管理者都有下面的毛病，下达不着边际的指示，然后责怪下属为什么没有执行他的指示。很多人心想："雇用这个人的时候，看起来很有能力，怎么办起事情来这么差劲!"事实上该检讨的是自己。再有能力的人，如弄不清楚究竟他要做什么，也无法完成任务。

有些领导知道命令要明确，却没有能力改正，经常下达一些让人摸不着头脑的指示或是很含混的命令，有的甚至比上文中的领导还差。出现上述问题往往不在员工，而在领导。如果领导"照照镜子"检讨自己，就会发现是自己的错误，原因就是下达的指示不清楚。

某位经理对新来的女职员说："这个文件要让董事长过目，你将它漂亮地装订起来。"结果，这位领导管理者看到她拿过来的文件时大吃一惊。原来文件上面竟然别了一个粉红色的蝴蝶结，封面上还用红笔写着"致董事长书"。

通过此事，这位经理做了深刻的反省：原本在这之前，他从未向下属说明命令的目的，于是他改正了这个缺点。"这份资料要在下个月举行的职员大会上使用，所以，你必须在会议举行的三天前完成它。""这则求才启事除了登在报纸上，还可以刊登在求职杂志上，你要将这点列入考虑，并且尽快做好它。"

详细地说出号令的内容不会有任何的坏处，命令下达得十分清楚明确，下属的士气才会大为提升，并且精力充沛，积极努力地完成任务。发出正确有效的指令，其要点是指令要明确、要相对稳定。只有发出的指令是明确清楚的，才能使下级对同一指令产生相同的理解，员工才会有一致的行动。要使指令明确，在发出指令时就要使用准确的词语，多用数据，减少中性词汇和模糊语。指令应当包括时间、地点、任务要求、协作关系、考核指标和考核方式等内容。指令还应当简明扼要，一目了然。除此之外，管理者还要参照以下几点。

1. 命令不要太复杂，要尽量简单

最好的计划应该是在制订、表达和执行上都不复杂的计划，这样的计划更便于大家理解。一个简单的计划也会减少错误的出现，其简洁性也会加快执行的速度。

2. 下达指示之前必须弄清楚你的要求

如果经理自己都不清楚自己要做什么，却要求别人去完成任务，无异于缘木求鱼。如果你能精确地交代指示，下属将会因感激你而全力以赴。

3. 仔细审查指令的可行性

如果指令变化太多太快，缺乏稳定性，下级就会形成一种采取短期化行为的倾向，以便捞取好处。或者下级根本不信任领导发出的指令。这就会难以管理和控制。因此，在发出指令前要仔细审查指令的可行性，在执行中可能遇到的阻力，以及处理的方式。

4. 及时更正指令

如在执行过程中发现指令有不切实际的地方，应因事因时而异，区别

情况采取不同的补救措施，立即更正发现的原则性的错误。

最后要注意的是，交代任务时绝不可含糊其辞，要大声而清楚、平静而稳定，还要注意提高自己的表达能力，尽可能明确地表达出自己对任务的要求。

有效地分配布置工作

有效地分配任务意味着交代清楚工作该达到什么结果，授权别人去做并促使承担者完成任务，督管工作的进度，在工作完成后对其进行评估。

现代管理者的一个非常重要的职责就是要把工作委派给别人去做。公平、合理地分配任务，是保证公司工作计划完成的前提。许多公司的领导管理者在委派工作任务时，并没有具体的规划，全凭自我感觉。他们常常把工作分配给不适当的人去做，结果当然不会好。等到浪费了很多时间以后，他们便又卷起袖子亲自去做。这样一来，不仅浪费了时间和金钱，而且打击了下属的积极性，最终导致整个企业陷入一种无序运作的状态。

杰克·韦尔奇说："进行工作分配的主要好处是，可使管理工作变得容易。"它可使你从一些费时的、重复性的、琐碎的工作中脱身出来，使你能集中精力从事别的重要工作，比如长期的计划或新项目的开发等。事无巨细必躬亲的管理者不仅会不必要地弄得自己疲惫不堪，而且也不能有效地利用公司的人力资源，自己的工作效率当然也无法提高。

给人分配工作，或者说让人得到发展，是管理者的一项主要责任。有效地分配任务意味着交代清楚工作该达到什么结果，授权别人去做并促使承担者完成任务，督管工作的进度，在工作完成后对其进行评估。工作分派和授权是任何一位管理者的一项主要工作，清楚分派工作和授权的意义、过程以及会出现的问题和基本要求，能使你将这项工作干得更出色并从中获得舒畅感。

《红楼梦》里有一段故事，说的是贾府的管家将任务派给焦大却遭到痛骂的事。焦大本来是贾老太爷的跟班，跟随太爷出生入死，久战沙场，几次从死人堆里把老太爷背出来，这才有了后来贾府的辉煌。贾老太爷死后，焦大的地位一落千丈。因此，在黑灯瞎火的夜晚，管家派焦大去送人时，他便觉得不公平，叫骂不停，管家没有办法只好另外派人去。

管理者在工作中常碰到“如何交代工作，才能使下属产生干劲”的难题，这就是如何分配任务的问题。很多身居领导位置的人，并不具备正确委派任务给下属的能力。那么，怎样才能做到有效地分派工作呢？

杰克·韦尔奇指出，成功的工作分配源于以下几个因素。

1. 选择适合某项任务的员工

一位优秀的管理者必定十分清楚员工的长处和短处，他会依此适当地分配工作。除非员工有能力接受此项任务、接受所授予的权力和责任，否则，工作分配就会是无效的。致力于选聘、训练、督导、发展员工的管理者，该知道什么时候员工有条件接受某项任务，所以，这是成功分配工作的第一步。

2. 信任员工

授权的管理者必须信任、支持、帮助、接受所授任务的员工。有效率的管理者在其员工取得成功时会自觉心里愉快。既然你选择了他们在第一线替你承担工作，你应该信任他们。这种信任也会使你能够与他们分享权

力，给承担任务的员工独立做出决定的足够的自由。

3. 讲清要员工完成的是什么任务

你对要分配的工作该有个全面的了解，因为只有这样你才能向授权的员工讲清工作的目的和预期的项目结果。许多管理者常作笼统和模糊的工作分配，而如果员工对所接受的任务——尤其是在最初分配时所接受的任务——认识不清时，他的工作表现很难达到你的预期要求。举个例子说，如果一位人事部管理者只要求一名专管福利的员工去设计一种新的“员工福利计划”，便是忽略了许多基本信息。完备的谈话是：“我们想找一个新的保险公司，条件是他们提供的保险更倾向于保护顾客利益，能提供更全面的保险而保险费却更低。你去看看是否能找到至少三家福利条款较合理、能使我们的保险费用比去年的总额至少减少 3%，同时又能在各个方面保持提供相同福利水平的保险公司。”

4. 在员工着手开始工作时向他讲清责任以及其结果将如何被评估

员工常常会处于这样一种状态，即接受了一份被授予的工作，但并不十分清楚他们该达到什么结果、他们的表现将被用何种标准来衡量。管理者有责任说清这一切，然后鼓励员工对此进行提问，并检查一下员工对所授项目的认识程度。

5. 给员工以足够的权力来完成任务

员工对所接受的任务必须有完全的自主权，这意味着确定如何着手完成这项任务、获得信息、使用其他人、解决问题，以及做出决定的权力。分配工作的一个关键因素是授给员工足够权力去完成其任务。员工或有关团队成员必须有足够的信息、人力来完成所接受的任务，有足够的自由来自主地开展工作。如果你要求一位团队成员对项目中的任何细枝末节都须征得你的同意，你就违背了分配工作与授权的原则。

6. 设定项目进度及成绩汇报的时间表

授权的管理者必须对项目保持一定控制权，对其进行定期检查以关注进度和及时发现问题。分配工作并不意味着管理者放任不再管了，有效的工作分配在给员工自主权的同时，还必须建立一种检查进度及目标完成情况的制度，这可减少分配工作的人的一些风险。团队成员也会因清楚了时间安排和有不定期的工作业绩检查机会而获益。

7. 让人易于接近但别干涉别人

如果员工有时有问题来向你询问，你该让他们知道他们随时可以来找你，这不是鼓励员工依赖你，而是有助于促进对话和鼓励团队工作精神。这也不是说员工总得接受你的检查，一位有信心、能干的员工若在工作中没遇到解决不了的障碍，就不该老来问你，除非预先定下须随时作进度汇报。容易接近的管理者会给担任新项目工作的员工一定的工作保障。换句话说，你该克制自己老去过问项目情况，或想了解清楚所有细节的意愿。

8. 对任务完成出色的给予嘉奖

有效的工作分配者会承认员工的成绩，会给予其公开的承认和私下的表扬。当一份你授予的工作得以圆满完成时，你总会很得意，这样你就不必再去争功了。让员工脸上有光，任何人都会得益的。

最好的方法是把工作任务写在纸上

> 在管理的过程中，如果你能将工作中的任务，特别是重要的任务记录下来，那就不用担心遗忘了，就能保证及时有效地去落实。

中国有句俗话："好记性不如烂笔头。"一个人的记性不管有多好，久而久之，有些东西也会遗忘，或者记得模模糊糊，这对一个人的工作是极为不利的。在管理的过程中，如果你能将工作中的任务，特别是重要的任务记录下来，那就不用担心遗忘了，就能保证及时有效地去落实。

沈阳是一家公司的部门主管，平时工作认真负责，在工作任务安排上更是做得很好，常常受到公司老总的表扬。在管理上，沈阳有一个很好的习惯，就是善于把工作记在纸上。包括工作中遇到的事，诸如重要数据、需要分配的工作任务，以及老板的指示或指令等，并且随身携带，以备不时之需。

有一次老总作报告，临时需要两个数据，忙问身边的随员。可是几个人所报数字相差甚远，该听谁的呢？此时，沈阳不慌不忙地掏出自己的小本本，报出了老总所需的精确数字。大家都不约而同地向小沈投以钦佩的目光，老总也对他另眼看待，认为他工作踏实，做事认真、周到，干得好。无形之中，小沈在老板心中的印象大大加深了。

可见，养成记录的习惯对工作有很大的帮助。作为企业的领导者，每天要处理的事情很多，脑子再好使，也不如一个烂笔头。如果你将要做的事情，按照轻重缓急的程度记在纸上，然后一件件来做，工作效率就会大大提高。

现在在电视中露面最频繁的广告，大多是美国宝洁公司的飘柔、潘婷、沙宣、海飞丝、伊卡路、佳洁士、玉兰油等化妆品、洗涤品。这家创建于1837年的世界著名洗涤剂、化妆品的公司，迄今已有167年的历史。1998—1999财政年度，宝洁公司在全球的销售额为380亿美元。在《财富》杂志评选出的全美500家最大的工业/服务企业中，排名第19位。宝洁公司在全球70多个国家设有工厂及分公司，所经营的300多个品牌的产品畅销140多个国家和地区。

诚然，作为一家成功、出色的公司，必有其独特的过人之处。宝洁公司之所以出色，必有其独到之处。它的法宝之一就是它的备忘录制度。正是严格的备忘录制度保证了宝洁的工作效率和其高效的责任落实能力，从而推动了企业整体落实力的提高。

1931年5月31日，一份具有历史意义的备忘录在宝洁诞生。哈佛毕业生尼尔·麦克罗伊在这份长达3页的备忘录中详细介绍了他的品牌管理思想，公司总裁杜普利破例详细阅读了这份超长的备忘录（公司规定备忘录不能超过1页）并予以批准。于是，一份备忘录改变了宝洁的发展史。

在宝洁，备忘录是决策的组成部分。曾在宝洁公司任总裁的爱德华·哈尔斯在谈到宝洁的这个传统时说："从意见中择出事实的一页报告，正是宝洁公司做决策的基础。"

每一份备忘录都必须精心组织，主要内容包括：目的陈述、背景资料、建议及原理阐述、讨论、下一步行动及支持证据。备忘录的每一部分都得精心撰写，并且上下连接自然。没有条理的备忘录不但被认为是工作粗心，而且被看作思想混乱。

在宝洁公司，一页备忘录解决了很大的问题。首先，仅仅因为它的字数比较少，引起的争论也减少了；其次，在一页纸上检查和核实20个数

字，总比100多页里每页20个数字容易得多；最后，它把问题突出，置于显眼的位置。此外，作为书面备忘录同时还利于在组织内部传阅，寻求支持、改进、建议或者不同的意见。

宝洁CEO雷富礼说："我们所有的高级管理人员从内部提拔，但如果你想要升迁，最好先学会写备忘录。"

在宝洁，备忘录的写作甚至被当作一种训练的工具。对资历较浅的人员来说，一个备忘录重写10次是常见的事；成为品牌经理后，一个备忘录仍有可能被要求重写五六次。凭借不断地重写备忘录，宝洁希望能够训练员工更加周密地思考问题。

把工作任务记录在纸上，有利于加强管理者和员工的交往，提高工作质量和工作效率，从而从根本上提高员工和企业解决问题的能力。所以，作为领导者必须要养成记录工作任务的习惯，将有用的信息、你现在想的或做的以及以后你想要提及的事都记在上面，保证各项工作的全面落实。

第七章

有效控制：向管理要利润不能缺少监控措施

即便是再优秀的员工，在执行的过程中都可能会出现这样或者那样的问题，甚至有些时候还会偏离了原有的方向。此时，如果管理者不能做到有效的控制、及时跟进以及监控，下属在执行时偏离的方向会越来越远。

要结果，更应关注过程

> 没有有效的监控，工作不会得到很好的执行，因此，要想提高整体的执行效果，就一定要拥有强有力的监控手段。也就是说，管理者既要结果更应该关注过程。

现代很多的企业越来越注重结果，也就是说，把工作任务或者目标告诉员工，就不再关注他怎么完成任务，是否遇到了困难，只关注最后是否能够完成。比如一家公司的管理者为下属布置了任务：你要卖多少套房子，要卖多少份保险。完成了目标，就会获得奖赏。至于能否卖出去，怎么卖出去，他都不管，要的只是结果。

其实，他们忽略了一点，任务布置下去，撒手不管，没有有效地监控，工作不会得到很好的执行，因此，要想提高整体的执行效果，就一定要拥有强有力的监控手段。也就是说，管理者既要结果更应该关注过程。

作为一个大咨询公司的创始人和总裁，罗兰·贝格本人可谓日理万机。但凡是和他打过交道的人都知道，他不会忘记哪怕是一件小事。他每天都接触大量的各色各样的人物，每一件需要自己和别人做的事情他都会用录音笔记下来，让秘书打出并发放给相关的人员。他通常每天会发出40~50个给不同人的“内部备忘”。这当然是在完成一个管理者首要的任务：布置工作和做某些决定。但这仅仅是事情的开始。每一份内部备忘都会被写上一个时间，到了这个时间秘书就会把这个内部备忘重新放在罗兰·贝格的案头。所以，没有任何一个人能够侥幸让他忘记一件他关心过的事情。当整个系统都习惯并采用这个简单易行的做法之后，监控就是一

件十分正常的事情，执行力也就大大地增强。

彼德是某公司生产部门经理，他从来没有被工厂的问题所困扰。当被问及他成功的秘诀时，彼德说："我没有秘密，一般来说，我安排任务以后，会跟踪、监控、检查。比如：我手下的瓦特掌管埃克隆工厂有一名员工过去每天都打电话给我，因为他的前任老板要求必须有一个这样的反馈。我告诉他我相信他的判断，只是希望他每个星期一打一次电话给我，做一个10分钟的情况报告。现在他已是一个出色的管理者了。"监控的关键是了解员工的执行情况，只有了解了这些，才会让员工有效地完成自己的任务。

那么，一个企业应该怎样做到适时有效的监控呢？

1. 加强每个组织成员的监控意识

强化监控，首先要强化执行主体的监控意识。如果执行主体缺乏监控意识，监控就会形同虚设。因此，运用强化监控的方法来保证工作任务的执行，最为基础的工作，就是要对执行主体进行思想教育，使其牢固地树立自觉接受他人监控、主动监控他人的监控意识。对执行主体进行思想教育，就是要向他们强力灌输法律法规、党纪政纪、工作制度规范、工作责任目标，等等。

2. 制定严明的监控制度

在强化执行主体监控意识的同时，还必须严明监控制度。青岛海尔集团为了强化企业内部监控管理，于1991年创立并推行了"日清"管理控制法（又称OEC管理法，Overall Every Control and Clear，OEC），"O"表示全方位，"E"表示每人、每天、每事，"C"表示控制和管理。即全方位对每人每天每件事进行监控和管理。具体地说，就是企业每天所有的事

都有人管，做到控制不漏项；所有的人均有管理、控制的内容，并依据工作标准与计划指标对照、总结、纠正，确保达到全过程的控制目标。这一管理方法概括地讲为六句话，即：总账不漏项，事事有人管，人人都管事，管事重效果，管人凭考核，考核为激励。这六句话，表面上看好像是以物和事为中心的全方位地对每天、每人、每件事进行清理、控制和管理，实际上是以人为中心的在一个企业内从整体上管人用人的新方法。

3. 合理地运用不同的监控方式

一般来说，领导者或管理者对工作任务执行的监控方式要有以下三种。

一是跟踪监控。所谓跟踪监控，就是领导者或管理者根据工作计划的进度情况，安排自己在适当的时候，去跟踪检查工作任务的执行情况。

二是反馈监控。所谓反馈监控，就是要求任务承担者在一天的时期，一定的情况下，向领导者或管理者汇报工作进展情况以及遇到的问题。

三是相互监控。所谓相互监控，就是要求任务执行相互监督。如果工作任务的执行者不止一人时，可以运用相互监控的方式来进行监控。

4. 结果是监控的关键所在

正像山西省政副主席吕日周所言：抓住不执行的事+惩罚不执行的人=执行。监控，关键还在于如何处理监控的结果。处理监控的结果，重要的是要赏罚分明。对于执行好的，要总结经验，予以表扬、奖励；对于执行不好的，要查找原因，追究责任。

但是，许多管理者却常忽略这点，结果在最后关头功亏一篑。这绝非危言耸听，只要环顾一下四周就能看见，有多少优秀的销售员，被升为管理者后，就无人问津，任凭他们自生自灭。所以，管理者在把权力下达给合适的员工后，要想让他们有出色的表现，还要懂得“扶上马，送一程”。

通过“送一程”，确保合适人选与他的合适位置上升到珠联璧合的至高境界，让授权取得成功。这意味着，在授权后，管理者除了需要说：“现在，你可以放手去干了。”还需要告诉员工：“如果有需要，就来找我吧！”

适时地参与到下属正在执行的过程中

> 当在工作中出现意外变动时，领导者必须承担起指导的重任，与其让员工竭尽全力，不如凭借着自身的观察，以及认真接受工作或部门状况的报告来判断，给员工指点迷津。

在企业的内部所有的领导者都应当承担控制的职责，即便他的部门已经按照计划运行着。因为领导者对已经完成的工作与计划所应达到的标准进行比较之前，他并不知道他的部门工作是否正常进行。对下属工作进行有效的监控，可以保证各项行动完成的方向是朝着达到组织目标的方向进行的，可以保证更好地完成任务，可以更多地为工作创造利润。

充分授权本是好事，但授权后不管不问，不进行监控，在发现错误后还拖延纠正，优柔寡断，对企业是有非常大的杀伤力的。

可见，作为企业的领导者，如果在授予下属权力后不进行监控，不仅起不到预期的授权效果，反而会给企业带来更多的危害。

也许你会说，既然放手让下属去做了，还要进行监控，这会不会使员工觉得自己不被信任呢？其实，领导者的信任与放任是完全不同的两码事，领导者不要把监控和信任混为一谈。只有充分的信任和控制才能使授权发挥最大效用，才能把工作做到最好。

在工作中切忌对授权不管不问，要经常留意员工工作的状态，并给予必要的指导；同时也要防止疏漏的工作环节，这需要领导者给予员工的指

示必须明确、严谨；当在工作中出现意外变动时，领导者必须承担起指导的重任，与其让员工竭尽全力，不如领导者凭借着自身的观察，以及认真接受工作或部门状况的报告来判断，帮助员工指点迷津。

要想做到这点，领导者可以从以下几个方面入手。

1. 及早、及时监控

领导者既要分权，又要控制。要做到“有限分权，无限控制”。权力的分配应该像金字塔，只有做到相互牵制，相互支撑，才能达到相互平衡、和谐。监控则应做到及早、及时，越早实施监控越有保障，越及时越有力。

2. 充分信任，杜绝放任

信任是一种理解和依赖，放任则是一种散漫和纵容。作为领导者应当记住这一点，信任下属是必需的，但是信任也应该有个度，不要盲目信任，以免走上另一个极端：放任！放任不但会把授权的成绩冲得一干二净，还会殃及整个企业。

3. 及时跟进

领导者在跟进的过程中，不但可以协助和支持下属顺利完成任务，而且还能监督下属，避免其偏离正确的方向。跟进要注意两点：一是及时。在第一时间发现阻碍工作进展的障碍，然后尽快排除障碍，确保工作顺利进行；二要注意适度。领导者需要跟进计划，而不是去具体执行计划，更不是直接插手去落实，否则只会把事情弄得更糟。

4. 尽量减少反向授权

反向授权即员工将自己应该完成的工作交给领导者做，这也叫倒授权。发生这种情况的原因一般是：员工不愿冒风险，怕挨批评，缺乏信心，或者由于领导者本身“来者不拒”。除特殊情况外，领导者应该杜绝这种反向授权，解决它的方法就是在授权时把任务的艰巨性多想一些，必要时，也可帮助员工提出问题的解决方案。

5. 命令追踪

这是确保命令顺利执行的最有效方法之一，具体的操作方式有两种：第一种即领导者在发布授权指令后的一定时期，亲自观察命令执行的状况。第二种则是领导者在发布授权指令的同时与员工商定定期呈报命令执行状况的说明。

6. 授权后的有效反馈

反馈应当及时，反馈的内容应当具体化，要依赖数据说话。领导者应该清楚反馈是为了使你了解事情的进展状况，内容更要清楚、确定。

领导者应该认识到，放任员工的后果不但能把授权的成绩冲得一干二净，还会殃及整个企业，使管理陷入困局，企业陷入泥潭。而解决这个问题的最好办法就是防患于未然，及时的监督管理可以有效防止放任的发生。

如果领导者放任权力的滥用，不仅无法激发员工的积极性和创造性，反而会激起其他员工的不满，给企业管理造成隐患。

及时查核执行的效果

在企业管理中，上级对下级要进行定期和不定期的查核，这种查核不应该是走马观花、搞形式主义，而是要实实在在地解决问题。

再有能力的员工，在执行过程中也可能出现这样那样的问题，作为领导者，有一个重要的职责，就是检查核实执行的效果，因为只有这样，才能及时地发现问题，解决问题，保证执行的效果。

IBM公司总裁郭士纳曾说过："强有力的查核是推进企业执行力的锐利武器，人们不会做你希望的，只会做你检查核实的；如果你强调什么，你就检查核实什么，你不检查核实就等于不重视。没有人会十分在意没人去强调和检查核实的东西，这就自然造成它的可有可无性，既然如此，谁还会花费更多精力去做呢？铲除这一惰性的唯一办法就是查核。"

从上面的这句话中，我们可以得到这样的一个结论，那就是企业的领导者要想企业能创造丰厚的利润，就必须实施监控，必须注重执行效果的查核。然而，令人遗憾的是，企业传统的做法总是安排布置的多、检查核实的少；突击性检查核实的多、日常性检查核实的少；口头要求的多、实际执行的少；表面严格的多、具体过硬的少。检查核实往往流于形式，其随意性成为"表面文章"的典型代表，这样根本不能保证决策的贯彻执行。

美国一家化学公司花了2.5亿美元在印度尼西亚新建了一座工厂，然后将该工厂的重担交给了远在巴西另一家工厂负责的管理者。此人在巴西业绩不错，并且长期从事技术工作，精通业务，按理说可以将这座新建的工厂搞得红红火火。然而事与愿违。他是一个只懂得技术而不懂市场经济、不懂公共关系的人，就连起码的定价策略都说不出个所以然。

而总部对此人却十分放心，认为他来自发展中国家，熟悉这些国家的基本国情，又精于技术，是能够处理好日常工作的，因此也没派人前去协助，更没有派人去检查核实其工作。无谓的"放心"酝酿了不良结果，最后工厂迟迟不能开工，开工后产品已经很难卖出去，最后总部只好忍痛割爱，将这家工厂搬到了另外一个国家，但这期间的耗资已覆水难收。

跟踪检查核实应该成为企业一项日常性的工作内容之一。如果这家化学公司在印度尼西亚的投资自始至终都派人跟踪了解、及时反馈情况，最后的结果绝不至于以“工厂迁徙”而告终。

检查核实是一堵“防火墙”，检查核实的过程既是揭露问题的过程，也是修正错误的过程。对于检查核实中披露出来的问题，能当场纠正的决不留在日后去处理；复杂问题不能当场解决的，应立即汇报有关部门抓紧处理。世界零售巨商沃尔玛就把检查核实作为日常性的工作，暴露出来的问题绝不应拖延到第二天。蚁小也能毁堤，世界许多本不该发生的故事就是这样发生的。

加大核查力，实际上就是推进了执行力，提高了企业和员工的执行力。美国著名企业家艾柯卡在担任福特汽车公司福特分部经理时，注意到公司股东们每隔3个月就收到一份详细的公司财务报告，他们通过一年四次的财务报告对公司进行监督，并每年从公司赢利中分四次红利。艾柯卡从中获得启示，既然股东有每季度检查核实的制度，管理人为何不效仿一下？他开始研究制定一项制度，这套管理制度至今仍然沿用。每隔3个月，各位经理和他的顶头领导管理者下来检查核实以往的成绩，并规划下一季度的目标。下级越感觉到自己确定了目标，便越会不畏险阻，勇往直前地去达到目标。

通用电气公司对每项工作的检查核实是经常性、制度性的。每年年初，公司包括总经理在内的每个人都要制订目标工作计划，确定工作任务和具体工作制度。这个计划经主管经理审批并与本人协商确认后予以执行。每3个月进行一次小结，核查执行情况，并由经理写出评语，提出下一步工作改进要求。到年底作总结考核，先由本人填写总结表，按公司统一考核标准，衡量自己一年来的工作完成情况，拟出自己应得的考评数，交主管经理评审。主管经理根据职员表现情况确定其等级，并写出评价报

告，对评为杰出的人物还要附上其贡献和成果报告，并提出对他们的使用建议和使用方向；对差等级的职员也要附有专门报告和使用建议。员工的评价报告要经本人复阅签字，然后由上一级经理批准。中层以上报告和使用建议要由上一级人事部门经理和集团副总经理批准。通用电气公司每年修订前一次的检查核实标准，使之逐步完善合理。

通用电气公司的经理们从长期的实践中，深深地懂得了加大核查力，实际上就是推进了执行力，这种核查制度是企业成功的最有效的保证。

检查核实评审不仅适用于企业管理，而且适用于一切需要管理的团体、机构，是保持机构效率和提高执行力的重要措施。在企业管理中，上级对下级要进行定期和不定期的查核，这种查核不应该是走马观花、搞形式主义，而是要实实在在地解决问题。

监控并不等于步步紧盯

向管理要利润，就要求领导者全面调动下属员工的积极性，让他们把最大的能力发挥出来，并不是在工作中事事插手，对员工的工作进行全面的遥控，这样一来只能限制员工的能力发挥，抑制员工的工作激情。

通过上述的几节内容，我们知道了，向管理要利润需要适时监控，也就是说当任务布置下去，要下属执行时，需要一定的控制，确保下属的执行方向正确。

可是，在很多的时候，一些领导者却总是担心下属可能做不好，生怕下属无法完成任务。于是事事过问，步步紧盯，这样一来就束缚了员工的思想，限制了员工独立处理的工作能力，还会挫伤员工的积极性，最终肯定会影响执行的效果，影响企业的获利。

美国通用汽车公司总经理斯隆在聘请著名管理学家德鲁克任公司管理顾问时，第一天就告诉他："我不知道我们要你研究什么，要你写什么，也不知道该得出什么结果。这些都应该是你的任务。我唯一的要求就是希望你把认为正确的东西写下来，你不必顾虑我们的反应，也不必怕我们不同意，尤其重要的是，你不必为了使你的建议为我们接受而调和折中。在我们的公司里，人人都会调和折中，不必劳驾你，你当然也可以调和折中，但你必须告诉我们，正确的是什么。"

他的这番话正说出了管理的真谛，即管理者不应以任何形式把自己的主观意志强加给员工，而应该积极地为他们创造一个独立进行工作的环境。

所以说，向管理要利润，就要求领导者全面调动下属员工的积极性，让他们把最大的能力发挥出来，并不是在工作中事事插手，对员工的工作进行全面的监控，这样一来只能限制员工的能力发挥，抑制员工的工作激情，最终导致了企业发展速度缓慢，甚至不能获利，亏损倒闭。

有家电脑公司的业务经理马先生，奉命到国外出差10天。马先生做事向来很仔细，什么事都亲自下命令，并一一验收成果。虽然他手下有好几个人，但他从不将有责任性的工作交给他们做，因为马先生认为："他们做事没有效率。"就因为这样，他很难想象自己不在的这10天，公司里会发生什么事。

陈经理将出差前能处理的事全都处理完，并将在这10天里可能发生的事都列在笔记本上，然后才动身出国。后因工作上遇到一些问题，所以原本打算停留10天的行程，只好延长到一个多月。

陈经理一直担心那些"不值得信赖的员工们"在这段期间都做了什

么，所以就利用工作之余打国际电话和他们联络，但又没有当面说清楚。他心想，等他回国时，公司可能已经大乱了吧！

很多领导者都有过这种担忧，希望什么事都要过问一下，而不放心让手下的员工大胆去做。相反，很多员工都有这种体验，与领导相处时，总会感到紧张不安，不知如何才能让领导高兴。当领导离开时，他们会轻松地嘘一口气，并开始真正感到自由，庆幸终于可以干自己感兴趣的工作了。没有领导在场时，他们反倒能全身心地投入到工作之中，能更好地作出决定，并能从中找到乐趣。

因此，作为领导者，如果你想看一看自己事事过问有没有必要，你可以离开员工一段时间，给他们充分的自主。当你回来时，你发现员工在你不在的时候取得了令人满意的成绩，此时，你就会发觉，以前所有的担忧都是多余的，自己对每件事都“遥控”并没有实质意义。

离开员工是检验领导者是否成功的最好方式。有时候，领导者不妨故意制造些这种机会，这样，你可能会意外地发现员工的潜力。如果培养员工按照你所信任的方式去做，同时让他们真正承担起自己的责任，那么，你就可以永远远离遥控，而做一个甩手领导。

领导者离开员工，就是给他们提供一个工作框架，而不是什么都为他们想到。作为领导者，只需为员工指引方向，这是一个长期的方向及目标，即使出现问题，你的员工也应该可以和你一样妥善处理。

除此之外，领导者为了防止员工在工作中出现问题，可以对不同能力的员工施以不同程度的控制。对能力较强的员工控制得可以少一些；对能力较弱的员工，控制力度可以大一些。

同时，领导者明确把握控制点和控制方式，原则上你只能够采用事先确定的控制方式对控制点进行核查。当然，如果领导者发现员工的工作有明显的偏差，可以随时纠正，但这种例外控制不应过于频繁。

管理者对员工的工作进行监控是有技巧的，而不是事事过问，步步紧盯。管理者要进行有效的指导和控制，下面几点很重要。

1. 信任下属能做好

信任是一种激励，也是一种支持，可以保证下属更好地完成工作。作为管理者，既然放手让下属去做了，就要相信他能够做好，不要因为担心其做不好而步步紧盯。当然，企业中难免会存在一些丧失自信、自卑感作祟的员工。这些人或许能力并不差，但就是强烈的自卑感，让他们在工作中过于注重他人的评价，总顾忌着自己的一举一动是否惹人注意而不敢创新、打破常规，导致工作效率低下。对于这类员工，管理者要尤其予以重视，帮助他们树立自信。

2. 估计风险性

领导者要放手让员工自主做事，首先应该估计其风险性。如果可能产生的弊害大大超过可能带来的收益，那就最好不要放任不管。当然，领导者不应一味追求平稳保险，在适当的时候要敢于放手。

3. 适当的时候伸出援手

当下属面临困境时，管理者若能及时拉他们一把，施予恰当的帮助，就可以使他们获得莫大的安慰和满足，并从心底对你充满了感激，你也因此赢得了下属的信赖与爱戴，为顺利开展工作创造了一个绝佳的环境。尤其是对于工作阅历较浅的被授权者而言，由于他们对事物的观点往往很局限、狭窄，当工作陷入僵局时，就容易用固执的干劲予以克服，使自己走入死胡同。这时，管理者不妨利用适当的时机对其施以援手，帮助其转换心境，克服困难。

4. 将一些枯燥的工作公平分配

分配那些枯燥无味的或大家不愿意干的工作时，领导者应开诚布公地讲明工作性质，同时注意公平地分配“讨厌”的工作。

5. 尽量减少反向授权

下属将自己应该完成的工作交给领导去做，叫作反向授权。发生反向授权的原因一般是：下属不愿冒风险，怕挨批评，缺乏信心，或者由于领导者本身“来者不拒”。除去特殊情况，领导者不能允许反向授权。解决反向授权的最好办法是在同下属谈工作时，让其把困难想得多一些、细一些。必要时，领导者可以帮助下属提出解决问题的方案。

建立畅通无阻的反馈渠道

只有当执行者与下达命令的人之间有着和谐的沟通后，才能迅速而及时地处理掉执行中所遇到的问题。

任何工作的落实都是以畅通的反馈渠道为基础的，管理者下达了命令不是项目的终结，而是一个开始，之后要通过畅通的反馈来监管项目的进展，并随时做出新的指令。鉴于此，一条畅通无阻的反馈渠道就显得尤为可贵。

微软公司有这样一个电子邮箱，每天它都会收到几十封这样的电子邮件：每封邮件就好像一个议题，或是一个好想法，或是一个小建议，或是申诉自己的委屈。这些邮件都是来自微软的员工，而这个邮箱的拥有者就是微软的总裁比尔·盖茨。他每天都要花几个小时来阅读这些邮件，并做出答复。这是一个非常方便快捷的沟通反馈渠道，通过它，盖茨可以很容易掌握公司的发展动态，员工的思想需求。

同时，比尔·盖茨即使出差旅行时也让自己时刻保持与公司的联系。每天，他都把自己的便携式计算机和微软公司的电子邮件系统连接起来，以补充新的信息，同时他还把自己的一些决策传递给公司的员工。许多接收盖茨的信息的人甚至都没有意识到他根本不在办公室里。他也可以通过点击某个图标，来了解销售情况，检查计划的实施情况，得到任何他需要的数据。

反馈无须投入大笔资金，也不用购买新的软件，更不必进行昂贵的组织结构分析或者请外边的专家提供建议，需要的只是动手去做。管理者必须正视反馈，重视反馈，这对工作的进展是十分有益的。

反馈的目的在于帮助员工不断地取得更好的工作成绩。管理者在某种程度上就是一个指导者，你不仅要告诉员工去做什么，怎么做，还要随时检查他们的工作进度，指出他们的错误，并给予指导。反馈要及时，一旦发现问题就要及时处理；反馈也要具体，不管是好是坏都要具体明确。员工需要的是及时、确切知道他们的工作成果，而不是听到简单的或好、或差的评价。因此，在反馈时评价员工的工作细节就极为重要，笼统的表扬或是批评都无法起到反馈的效果。

这种方便快捷、畅通无阻的反馈渠道正是微软成功的秘诀之一，通过及时反馈管理者可以充分了解项目的进展状况、员工的需求、面临的问题等情况，以做出正确的决策，确保企业向正确的方向不断前进。

掌握前馈控制的方法

在执行的过程中缺乏有效的控制，必定会影响到执行的效果，因此，对企业的领导者来说，就必须在执行的过程中采取有效的控制手段，确保有效的执行。

对任何一家企业来说，如果管理者不能做到有效的控制，做到及时跟进以及监控，下属在完成工作任务时可能会出现错误，或者偏离原来的方向，导致浪费了时间、精力、财力，却没有完成目标。如此一来，不就是增加了成本，缩减了企业本应得的经济利润吗？

因此，在执行的过程中，就不能缺少控制，因为控制就是一个检查的过程，通过检查来确定实际操作是否按计划进行，是否真在取得朝目标方向的适当进展。可以说，在执行的过程中缺乏有效的控制，必定会影响到执行的效果，因此，对企业的领导者来说，就必须在执行的过程中采取有效的控制手段，确保有效的执行。

现在，就让我们一同来看看一个因为缺乏控制导致执行失败的事例。

1990 年 4 月，经过长达 15 年的精心准备，耗资超过 15 亿美元的哈勃望远镜终于装上“挑战者号”航天飞机发射升空。但是，美国国家航天管理局却发现望远镜的主镜片存在着缺陷，由于直径达 94.5 英寸的主镜片的中心过于平坦，导致成像模糊，因此望远镜对遥远的星体无法像预期的那样清晰地聚焦，结果造成一半以上的实验和许多观察项目无法进行。在事后的调查中，了解到生产镜片的厂商珀金斯—埃尔默公司使用了一个有缺陷的光学模板来生产如此精密的镜片。在镜片的生产过程中，进行检验的一种无反射校正装置没有设置好。校正装置上的1.3毫米的误差导致镜片研磨、抛光形成了错误的形状。但是没有人发现这个错误。具有讽刺意义的是，与众多其他美国国家航天管理局项目所不同的是，哈勃望远镜并没有时间上的压力，而是有足够的时间来发现望远镜上的错误。实际上，从1978年就开始了镜片的粗磨工作，直到1981年，才抛光完毕，此后，由于“挑战者号”航天飞机的失事，完工后的望远镜在地面上又待了两年。美国国家航天管理局（NASA）中负责哈勃项目的官员，对望远镜制造过程中的细节根本就不关心。事后，航天管理局中一个由6人组成的调查委员会的负责人说：“我们至少有三次明显的证据说明问题的机会存在，但是这三次机会都失去了。”正是缺乏一点更好地控制，导致了“哈勃事件”。

当我们看完上述的案例之后，恐怕已经认识到了监控在执行中的重要作用。那么怎么才能达到有效的控制，促使有效的执行呢？

前馈控制就是一种重要的控制系统，管理控制工作过程的时间滞后性说明，要进行有效的控制，就需要一种未来导向的控制方法——事前控制，这是提高组织执行力的重要方面。它说明仅仅利用一个系统的输出这个反馈信息和把评定这种输出作为控制工作的一个方法是有问题的；它也表明了那些类似的从会计报表中获取的历史数据是有缺陷的，这种历史数据的一个缺陷就在于它11月告知主管人员在10月损失的金额（或者甚至是在9月损失的），而这种损失是由于7月所做的事造成的。此时，这样的信息只不过是一个令人沮丧的笑料而已。

为了进行有效的管理控制，主管人员需要有一个控制的系统，它会告知主管人员及时地采取纠正措施，而且告知他们如果现在不采取措施就将会出现问题。一个系统的产出量，也就是对计划执行的结果的简单反馈，对于控制来说并不是很好的，这种反馈并不比事后的调查好多少，因为谁

也无法改变已经形成的事实。

1. 需要有面向未来的控制

明智而机敏的组织主管人员认识到，他们能解决的唯一问题是那些能够了解到的问题，而且正像上面论述的那样，在管理控制中，只有当他们能够察觉即将出现的偏差并及时采取某些措施时，他们的控制才能有效。可惜的是，某些主管人员却错误地认为计划工作是事前的，而控制工作是事后的。

在实际工作中，使控制工作面向未来这一简单的要求极大地被忽视了，这主要是由于主管人员控制时，过去一直过于依赖会计和统计的数据资料。当然，在缺乏预见未来的手段时，参考过去的历史资料，看一看过去的做法，总比根本不了解过去要好一些。

控制论的创始人威纳也认识到了一般反馈中存在的缺陷。他指出：在一个存在时间滞后性的系统中，所采取的纠正措施必须能够估计或预想到将出现的差错。但是，他和反馈系统的许多学者看来都没有解决控制论中这一问题。

2. 面向未来的控制方法

当然这并不是说人们没有对面向未来的控制进行过尝试。许多组织主管人员都用过的一种普遍的方法就是：经过仔细地、重复地预测，利用可资利用的最近的信息资料，把计划所要达到的目标同预测相比较，并采取措施修改计划以使预测成为计划目标。例如，某公司的销售预测表明，销售额将下降到期望值以下。这时，主管人员就会制订新的广告宣传计划、推销计划、新产品引进计划等以改善销售的预期结果。

同样，大多数的企业和其他事业单位在仔细筹划可使用的资金以满足需要时，都在运用未来导向的控制方法。例如，几乎没有企业会等待 5 月中旬的报告来查明它在银行里的存款是否足以支付4月所签发的支票。

目前运用的一个比较好的未来导向的控制方法，是以计划评审法网络为代表的网络计划技术。这种计划和控制方法能使主管人员明白，如果他们现在不采取措施，在成本或按时交货等方面将会出现一些困难问题。

3. 前馈控制的要求

使前馈控制系统有效运行的要求可以概括如下。

（1）细致而全面地分析计划工作和控制工作系统，并对一些较为重要的输入变量加以确定。

（2）制定系统的模式。

（3）注意保持系统模式的动态性。即定期检查模式，以了解输入变量是否已经确定，以及输入变量的相互关系是否能反映现实情况。

（4）定期收集输入变量的数据资料，并输入系统。

（5）定期评价实际输入的数据与计划输入的数据之间的差别，并估算这些差别对预期的最终成果的影响。

（6）采取必要的措施。与计划和控制的其他方法一样，前馈控制是向人们显示问题之所在，而这些问题显然还要采取措施来解决。

第八章

规矩为先：向管理要利润需用制度管人理事

俗话说得好："攘外必先安内。"企业要源源不断地获利，首先内部必须有序运营。规章制度，就是帮助企业做到这一点的最为有利的手段。作为管理者，要想管理好团队，就必须制定出切实可行的规章制度，并树立以制度管人的管理理念。

用制度管人才能令人信服

> 如果建立了一套完善的制度，并且不折不扣地遵守着制度，那么，即使老板不在，员工也会一如既往地认真工作。

科学的管理就要用制度管人、按规章办事，要依靠合理的制度和运营机制来规范员工的行为，并确定明确的岗位管理条例，让大家知道要做什么、怎么去做、又怎么能做好；员工什么可以做，做了以后将会得到怎样的奖励；什么事情不能做，做了之后将会受到怎样的惩罚等。这是一个公司成熟的标志，也是公司平稳发展、获取利润的保障。

任何一个优秀的公司都会有健全的制度做保障，制度犹如火车的轨道，是用来规范员工行为的准则。并且，作为管理者，只有用制度管人才会令人信服。

有些公司经常出现这样的现象：员工与老板经常打游击战。当老板在的时候，就装模作样，表现卖力，似乎是位再称职不过的员工，而等老板前脚刚走，他们就在办公室里大闹天宫。一些老板，往往会在这个时候杀个回马枪，将员工的形象尽收眼底。对公司来说，这绝不是长久之计，首先老板没有过多的精力，其次，员工也会因此而造成紧张的心理压力。

所以，以制度的确立来解决这一问题是最好的方法。如果建立了一套完善的制度，并且不折不扣地遵守着制度，那么，即使老板不在，员工也会一如既往地认真工作。由此可见，制度是保障企业运行的有效手段。

北京的“金三元”酒家有一道名菜叫“扒猪脸”，虽然这道菜算不上大菜。但老板沈晓峰的心路并不小，仅关于这道菜的选材与制作工序，他就定制了十分严格的规矩。猪头必须来自饲养期在120～150天，重量为60～75公斤的白毛瘦型猪；按标准屠宰后须经2小时浸泡，4小时酱制，30多种调料，12道工序。如果谁有不慎，那么必会受到老板严厉的惩罚。

不仅如此，"金三元"的服务从站位、迎宾、入座、点菜等一路下来，都有一套分为29道工序、30多条标准的管理制度，国际质量协会总裁参观完"金三元"的服务后都曾对他们挑大拇指。所以"金三元"在全国已有16家连锁店，而且他们计划5年内开到100家。

制度与资金、技术乃至人才同样重要，一个企业想不断发展，持久获利，就必须有制度的保障。每一个企业和员工都要具有强烈的制度意识，在不允许妥协的地方绝不妥协，在不需要借口的时候绝不找借口。如果没有了制度的约束，势必会造成整个公司执行力的缺失，以及部门的内耗、操作系统的紊乱。

美国肯德基国际公司的子公司遍布全球60多个国家。然而，肯德基国际公司在万里之外，又怎么能相信它的下属能循规蹈矩呢？一次，上海肯德基有限公司收到了3份总公司寄来的鉴定书，对他们外滩快餐厅的工作质量分3次鉴定评分，分别为83分、85分、88分。看到这三份鉴定书，公司中外方经理都为之瞠目结舌，他们根本不知道这三个分数是怎么评定的。原来，肯德基国际公司雇用、培训一批人，让他们佯装顾客潜入店内进行检查评分。这些"特殊顾客"来无影，去无踪，所以，无形之中，使得快餐厅经理、雇员时时感到某种压力，从而在工作时丝毫不敢疏忽。

这就是制度的约束作用。同时从这里，也可以看出肯德基公司对绩效管理的擅长。管理者通过绩效管理实现公平与效率的关键是建立科学合理的绩效评估制度，操作科学合理的绩效评估行动，使团队成员获得公平的

感觉，同时，使团队管理效率实现最大化。

所以，对于公司来说，制度是其发展的重要保障，制度的存在，无论是对企业的领导者，还是员工，都有了一定程度的约束，从而可以使员工和领导按照公司的既定线路走下去。如果没有了纪律的约束、制度的规定，那么一个企业就无法将员工凝聚在一起，没有了向心力，公司又何谈获利呢？

那么，怎么用规章制度来提高管人的成效呢？

1. 制度高于一切

首先，制度的颁布者和批准者必须是被授权的人，或者说他必须有权发布规章制度。有些领导常常随口说出一些规定和制度，这样做既不严密，也不科学。其次，一旦制度正式颁布，那就应该坚定地执行下去。如果对违反者采取不理会、不惩罚的态度，那就是对规章制度的藐视和破坏。如果有章不循或者执行不严，那规章制度只能是一纸空文。

2. 告知所有员工

企业制定了规章制度，也经过了一定的民主程序，但如果不进行有效的告知，它的合法性就会受到很大的影响。在实践中也确实有这种情况，规章制度制定后，锁进领导的抽屉，大部分职工都不知晓。用员工并不知晓的规定来处罚职工是没有道理的，因为“不知者不为罪”。

3. 先严后宽

千万不要让员工认为规章制度只是一种摆设，没有权威性。在管理中，规章制度一定要说在前面。遵守规章制度的，奖励；违反规章制度的，惩罚。经过“循环往复”的奖与惩，最后使员工养成自觉遵守规章制度的良好行为，以后不用再监督，员工也会自觉地遵照规章制度来办事。

4. 制度面前人人平等

企业中常常有这样的现象，某个员工触犯了规章制度，但是由于触犯规章制度的是个中层领导，为了维护他的威信，就让他免于处罚。如果用这种方法来处理，规章制度就失去了权威性，不能服众。要维护规章制度的权威性，就要一视同仁，管理者也不能例外。

5. 从小事着手规范管理

比如说，在员工进入单位时，管理者可以组织一个检查小组，看他们是否穿戴整齐、衣着得体，有没有按要求佩戴组织标志等，如果有的话，就随即把他们的做法给纠正过来。平时加强监督，发现小错误就说服他们，帮他们纠正，让他们从小事上就养成服从制度的好习惯。

保障规章制度要切实可行

制度的制定一定要符合企业员工水平、符合企业发展实际。切实可行，才能行之有效。一切从实际出发应该成为所有工作的基本准则。

一个国家，法律为大；一个企业，制度为先。企业制度的内容和角度多有不同，但最终目的是把对员工进行实际管理的权力留给企业。这就需要企业不仅要作出一套科学完善的制度，还要保障制度的切实可行。因为，制度的制定符合企业员工水平、符合企业发展实际，切实可行，才能行之有效，才能达到管人理事的目的。

台塑企业是从家族企业发展起来的，却注意克服家族企业管理不严的毛病。企业管理的制度化一直是台塑努力的方向。

台塑的制度化，是设计一套可行的管理制度，让员工按照设定的操作规范和事务流程去做事，同时，主管也能够主动地作考核与追踪。工作量可以计算，工作品质可以衡量，这是台塑制定管理制度的基本原则。

为了建立完善的管理制度，1968 年台塑成立了总管理处，全面规划台塑的管理制度，并负责这些制度的具体制定、推行、检查和改善等工作。

1973 年，台塑成立了“总管理处总经理室”，专门负责全面推行管理制度。当年，推行这一套管理制度，曾遭受到极大的阻力。为了有效推动管理制度，才有了台塑的“午餐汇报”制度。在王永庆的直接过问下，总经理室的人员不断努力，经过 6 年时间，这套制度基本稳定并得到实施，显示出了巨大的成绩。

因此，台塑在一套管理制度推行之后，总是不断地检讨，从中发现不合理之处，再针对这些不合理之处找出切实可行的改善措施。20 世纪 80 年代初，台塑开始全面实行管理自动化。这时，台塑原有的管理制度刚刚稳定下来，为适应计算机管理的需要，台塑又开始对制度进行调整。

台塑的管理制度，经过一而再、再而三连续不断的修改，已被中国台湾公认为是最完善的制度之一。但王永庆仍不满足，他说：“我认为台塑的管理还是不够。”有意思的是，台塑集团甚至连菜单都实行了制度化管理。

台塑用于监督的“施工规划”，仅土木部分就有九大本，内文中对施工的规定巨细无遗：从钢筋怎样切断、怎么存放，到砖墙怎么堆砌、使用什么样的工具，全部有详细的图文说明。这是一位台塑高管姚光麟从美国学回来的。一次，他到美国的休斯敦建厂，看到美国人施工时一板一眼，井井有条，就想：为什么美国工人这样规矩，因为他们比中国工人聪明吗？当然不是。原来，美国人有一套严格的“施工规范”。回国后，他动用了七八位工程专家，花了一年多时间，耗资100多万新台币，终于完成了这部“宝典”。现在台塑在进行工程承包时，就不怕有人作弊，这部“宝典”为他们进行预算、监督施工和检查验收提供了可靠的依据。

台塑集团的制度管理之所以缜密、规范、可操作性强，重要的是台塑集团能把眼光瞄向世界前沿，不断地充实和修正自己的制度，使它变得适用、高效、切实可行，是管人管事的有效方法。

作为企业行为准则的制度，要想得以推行，必须先得到员工的认可，所以切实可行的制度应具备以下几个条件。

1. 制定合理的标准

大多数人都不喜欢被控制，他们不喜欢别人告诉他们该如何做。很少有人喜欢受批评或被纠正，然而批评或纠正都是管理中常发生的事情。当纠正意味着惩罚或解雇时，控制措施就显得非常重要。因此，领导对控制的看法应该现实一些，防止某些控制措施对员工产生消极的影响。

2. 制度要适时修改

规则制定的目的是对一些职责不明的事项，定出一个明确的标准。因此，它时间性很强，同时也是为适应时代环境而定出来的，绝非是千古不变的定律。再好的规章制度也是从出台的那一天就开始老化，因为一个单位和它的员工是随着时间不断发展变化的。作为一套规章制度，必须适应这个变化，才能发挥好作用。当时代、环境发生了变化，规则本身也必须随之变化。再好的管理者必须时刻注意审查本企业的规章制度，发现不切实际或不合情理的要及时纠正，不断改进。

3. 保持制度的相对性

对于一个企业而言，企业的各种规章制度将成为员工的行为准则和努力的目标。在短时间内，不应该频频变更、精简条款或变换原则，否则会让员工觉得企业规章制度不明确，有法难依，从而对企业丧失景仰和信赖。到那时，管理工作就难以展开了。因此，作为制度的制定者和企业的当家人，领导者首先要对制定一个合理的、长远的规章制度，有一个严肃认真的态度，必须做到不轻易制定制度，一旦制定了，坚决执行，全力以赴维护制度的尊严。

4. 制度应该具体

一些企业的制度无法落实的教训之一，是因为许多制度是包罗万象的抽象规定。尽管内容丰富，覆盖面广，精神主旨正确，但接触具体问题时，则难以对号入座。工作是具体的，需要有一些具体的条例和实施细则。例如规定“几不准”问题，只规定不准做什么是远远不够的，这种制度即使有人违背了，也不能及时严肃追究。因此，必须明确规定由谁来监督执行，违反了制度由谁去惩处以及处理的具体程序。

合理而有效的制度的制定原则

制定一套比较完善的制度，对于企业来说，具有极为重要的意义，可以建立健康而良好的管理秩序，确保企业的不断发展，持续地获利。

《红楼梦》中记载，贾蓉的父亲贾珍请王熙凤来料理宁国府。王熙凤到宁国府后就发现了五大弊端：“一是人口混杂，遗失东西；二是事无专管，临时推诿；三是需用过费，滥支冒领；四是任无大小，苦乐不均；五是家人豪纵，有脸者不能约束，无脸者不能上。”

换言之，宁国府之所以混乱不堪，缺乏的就是一套行之有效的管理制度。于是，王熙凤对症下药，进行了大刀阔斧的治理整顿。她先建立了人事管理制度。每个人都有事做，各负其责，互不推诿，谁干什么，谁有什么责任，谁去检查，干得不好怎么处理，清清楚楚，有条不紊。

接着，王熙凤又建立了考勤制度和物品管理制度。规定了什么时候点名，什么时候吃早饭，什么时候领发物品，什么时候请示，某人管某处，某人领某物，弄得十分清楚。

由于建立了人事、考勤、物资等管理制度，就避免了原来宁国府中管理的无头绪、忙乱、推诿、偷闲等弊端。

在管理员工中，制度就是一切，日本东芝公司的电子产品之所以备受世界欢迎，一个重要的原因就是其对员工近乎苛刻的要求：女工严禁擦粉，男工必须刮净胡子，操作时绝对禁止说话、咳嗽、打喷嚏，以防空气振动，扬起尘埃。在这种严格的制度管理下，才有了绝对优质的产品。

如何确立一套完善有效的制度呢？以下几个原则必须要遵守。

1. 系统性原则

公司制度建设要有一个完整的体系，每项制度又包含具体完整的内容，各制度起草小组在制定制度过程中，要根据公司管理需要和轻重缓急突出各阶段的建设重点及制度本身的重点，注意制度与制度之间的系统性、关联性。

2. 合理性原则

要确保制度设计合理，唯一的办法就是广泛听取员工意见，集思广益，直至上下认同。闭门造车或者照搬照套的制度是不会有生命力的，合理性也会大打折扣。制度确定的标准要合情合理，不能强人所难，更不能违背人心人性。

3. 粗细适度原则

制定的制度需要通过推行来规范管理，如果制度本身不具有可操作性，那么制度就仅仅成为摆设和累赘。为了提高制度的适应性、灵活性和可操作性，制定的制度要有粗有细，粗的地方符合原则性管理要求，细的地方则符合操作性管理要求。基本管理制度的条款尽量是原则性的；具体管理规定、办法、细则、流程等要细化到可具体操作。同一项制度的不同条款也可有粗有细，原则性条款尽量概况，操作性条款在不影响功能及操作情况下尽量精简。

4. 效益原则

企业经营的目的就是价值最大化。所有制度出台的目的都是为了确保经营顺畅、提高工作效率和经营业绩。这就要求我们在设计制度时必须充分考虑管理成本，减少不必要的监管，减少重复检查、重复审核，杜绝层层请示、层层汇报。制度设计要充分体现“让专业的人做专业的事”和“一次把事情做对”原则。管理成本投入过高，一方面让做事的人感到不受信任，另一方面也会导致管理者之间“争权夺利”，对企业而言完全是得不偿失。

5. 可行性原则

制定制度要从企业实际出发，切不可照搬或网上下载后随意改改就完事。这就需要事先进行周密调研，要考虑现有的做法和先进的管理理念，要宽严适度、逐步提高，并考虑信息化管理的要求和企业未来发展的需要，但不可过于超前。如果制定制度有难点或不够成熟，可先试行，在实践中总结经验并不断完善，或者可在工作中一边总结，一边以备忘录形式记录有关做法，待条件成熟时再行制定。

6. 可操作原则

所有制度出台后都必须被遵守、被执行。如果制度条款不可操作、模棱两可，制度就失去了存在的意义。可操作性体现在语句表述的唯一性，不能随意解读、不可断章取义。特别是责任界定条款不能设立上下幅度，不能出现“酌情处理”字样，不能留下想象空间。笔者力主取消企业制度的“解释权”，不能给腐败操作留有余地。

7. 弹性原则

制度是死的，人是活的，情况是变化的，所以制定制度时要有一定的弹性。但需要注意的是，制度的弹性不能过大，要明确制度上量的尺度和质的依据，避免执行时的走样和变形，避免执行过程中的随意性。但制度的弹性也不能过小，那样会造成制度的过于死板和苛刻。

8. 守法性原则

企业制度当然是企业的权力，但是任何企业都无权制定违反法律法规的条文。“以道德为底线，以法律法规为准绳”是一切企业制度制定的出发点。这是不容置疑的，故无须多言。

综上所言，制定一套比较完善的制度，对于企业来说，具有极为重要的意义，不仅可以建立健康而良好的管理秩序，确保企业的不断发展，持续地获利。同时也包含了员工的行为规范及员工的责权利，对规范企业的管理起着至关重要的作用。此外，制度是企业文化的载体，企业文化的内容要通过制度来体现，而且也是对企业文化的一种传播和企业形象的一种宣传。

确保规章制度能贯彻落实

作为领导，应当以有效的手段保证规章制度得以贯彻落实。规章制度没有什么碍于情面而不方便宣布的，别等到出了什么后果再去亡羊补牢，恐怕那时已来不及了。

制度由两个部分组成：一是制定；一是遵守和执行。公司制定出来的规章制度不能成为摆设，作为领导，你应当以有效的手段保证其得以贯彻落实。规章制度只有得到贯彻落实，才能达到管人理事的目的，才能保障企业不断地获利。

1990 年 10 月 FL 集团创立时，注册资金只有 75 万元，第二年就实现利润 400 万元，1992 年实现利润 6000 万元，1993 年、1994 年连续两年利润超过两个亿。这个靠“减肥茶”起家的民营企业，资本积累的速度绝不亚于海尔，其“地毯式”广告轰炸产生的品牌效益一时间也不亚于海尔，可为什么 1995 年一遇上保健品市场下滑就一蹶不振了呢？

此中原因非常复杂，集团总裁本人对此进行过深刻反省。在他的一篇文章里，他对集团失败的原因从决策、管理、市场、人才等诸个方面进行了剖析。其中第十一大失误是：“管理规章不实不细。集团发展六年中制定了无数条规章和纪律，规章制度已经比较完整。但这些规章大部分没有严密的具体细则，没有落实到具体责任人，导致了有规难依的局面。”

《细节决定成败》一书指出：“中国绝不缺少雄韬伟略的战略家，缺少的是精益求精的执行者；绝不缺少各类规章、管理制度，缺少的是规章制度不折不扣的执行。”的确，制度的价值在于执行，再好的制度如果不去执行，也会形同虚设，沦为一纸空文。

作为领导，应当以有效的手段保证规章制度得以贯彻落实。规章制度没有什么碍于情面而不方便宣布的，别等到出了什么后果再去亡羊补牢，恐怕那时已来不及了。

无论大小企业，企业制度的建设和落实都是在一点一滴的具体过程中坚持下来的，大的制度要保证贯彻落实，小的制度也不能放松。如果只建立制度而不谈如何贯彻落实，那么这个制度本身的威信就会荡然无存。所以，一个企业要想拥有强大的竞争力，实现持续不断地获利，首先要在行动上落实。

一个高明的企业管理者，不只注重公司制度的建设，更注重这些制度的落实。为了保障规章制度能贯彻落实，作为领导者应该做到以下几点。

1. 以身作则，带头执行

制定出纪律和规章是让每一个人遵守的。当然，并非每个违规行为都受到同样的处罚。一视同仁不是说对待所有的人要完全一个样，一视同仁的原则是指在同样条件和同样的情形下，应该采用同一种处罚，领导和职员要有一样的“待遇”。

作为企业的领导者，不能自律，就无法以德服人、以力御人。好的领导者必须懂得，要求下级和员工做到的事，自己首先必须做到。

联想有一条规则，开二十几个人以上的会迟到要罚站一分钟。这一分钟是很严厉的一分钟，不这样的话，会没法开。第一个被罚的人是柳传志的老长官，罚站的时候他本人紧张得不得了，一身是汗，柳传志本人也一身是汗。柳传志跟老长官说，你先在这儿站一分钟，今天晚上我到你的家里给你站一分钟。柳传志本人也被罚过三次，其中有一次他被困在电梯里，又找不到人帮他请假，结果还是被罚了站。

正是柳传志的这种以身作则，联想的其他领导者都以他为榜样，自觉地遵守着各种有益于公司发展的“天条”，使得联想的事业得以蒸蒸日上。

2. 真心沟通

处分的目的在于教育，而不是惩罚，在执行纪律处分后要让员工以积极的态度认识处罚的初衷。要与违反纪律遭受处罚的员工真心沟通，消除他的苦恼和怨恨的情感，要给予他足够的信任，相信他能够改正错误。

3. 认真调查了解

管理者要重视违反公司规定的行为，要用行动向员工表明自己打算认真执行公司的规章条例。管理者也不应该草率地惩罚或处分员工。在行动之前，在做任何事情之前，管理者必须搞清楚发生了什么问题，以及员工为什么这样做。

4. 公平公正

不要滥施压力，对员工和公司都要公道。对员工要公道是指有充分的根据。它包括解释清楚公司为什么要制定这条规章，为什么要采取这样的一个纪律处分，以及管理者希望这个处分生什么效果。

5. 私下处分

如果公开进行惩治，那么受处分的员工会因当众受批评而产生怨恨，形势就可能恶化而起破坏作用。关于私下处理的规则仅有一个例外，那就是员工在其他人面前公开与管理者作对。在这种情况下，管理者必须当众迅速果断地采取措施，否则，就会失去雇员对你的尊重，失去控制，大大损伤士气。

6. 保持镇定

无论违规行为多么严重，管理者都应该保持镇定，不能失控。怎样才能恢复镇定呢？闭上嘴巴，待会儿再开口，做些拖延时间的事情。告诉员工半个小时之后再到你的办公室来见你，或者请这位员工与你一起去你的办公室或休息场所。切忌对员工大发雷霆。不乱发脾气，可以取得员工的尊重，而他也感觉到纪律的重要性，决心改正而不是采取厌倦、抵触的态度。

“没有规矩，无以成方圆。”这是古人总结的一条历史经验，在几千年后的今天，重温这句话，对我们仍有启示。我们要铸就铁的纪律去赢得胜利或成功。

在坚持原则时保持合理的弹性

员工是有血有肉有情感的，对员工的管理不能仅用冰冷的制度，更重要的是用心去尊重、爱护和关心他们。所以，在用制度管人时，领导者既要坚持原则又要保持合理的弹性。

规章制度都应有一定的精确度，在精确度允许的范围之内也有弹性。因为不存在任何一种规定可以精确地限定一种事物，所以规章制度的弹性原则是必要的。

美国国际农机公司创始人，世界第一部收割机的发明者西洛斯·梅考克，人称企业界全才。他几十年的企业生涯，历经沧桑，没有几条道路是平坦的，但是他以他那全才的素质，赢得了市场上的屡屡成功。

梅考克虽然掌握着公司的所有大权，左右着员工的命运，但他却从不滥用职权。他能经常为员工设身处地地着想，在实际工作中，既坚持制度的严肃性，又不伤员工的感情。

有一次，一个老员工违反了工作制度，酗酒闹事，迟到早退，按照公司管理制度的有关条款，他应当受到开除的处分。管理人员做出了这一决定，梅考克表示赞同。

决定一公布，这个老员工立刻火冒三丈。他委屈地对梅考克说："当年公司债务累累时，我与您患难与共，三个月不拿工资也毫无怨言。而今犯这点错误就把我开除，真是一点情分也不讲！"听完老员工的叙说，梅考克平静地说："你知不知道这是公司，是个有规矩的地方……这不是你我两个人的私事，我只能按规定办事，不能有一点例外。"

后来，梅考克了解到这个老员工的妻子刚刚去世，留下了两个孩子，一个跌断了一条腿，一个因失去了妈妈而时常以泪洗面。老员工是在极度的痛苦中，借酒消愁，结果误了上班。

了解到这个情况，梅考克为之震惊，他立即安慰他说："你真糊涂！现在什么都不要想，赶紧回家去，料理你老婆的后事，照顾孩子们。你不是把我当成你的朋友吗？所以你放宽心，我不会让你走上绝路的。"说着，从包里掏出一沓钞票塞到老员工的手里，老员工被老板的慷慨解囊感动得流下了热泪。梅考克却认为，比起当年风雨同舟时员工们对自己的帮助，

这事简直不值一提。

他嘱咐老员工说："回去安心照顾家吧，不必担心自己的工作。"

听了老板的话，老员工不解地说："你是想撤销开除我的命令吗？"

"你希望我这样做吗？"梅考克亲切地问。

"不，我不希望你为我破坏了规矩。"

"对，这才是我的好朋友。你放心地回去吧，我会适当安排的。"

事后梅考克安排这个老员工到他的一家牧场当了管家。

员工是有血有肉有情感的，对员工的管理不能仅用冰冷的制度，更重要的是用心去尊重、爱护和关心他们。所以，在用制度管人时，领导者既要坚持原则又要保持合理的弹性。

有一家公司的领导，本来下令下午加紧包装一批货物，次日发运。可是偏偏不凑巧，下午有一场精彩的足球赛，小伙子一个个急得像热锅上的蚂蚁，几十对可怜巴巴的眼睛望着领导。怎么办？这位领导出去转了一圈，回来时，手里握着一叠足球门票！他大声宣布："下午专车送大家去看球赛，晚上全体加班。"于是欢声雷动，结果自不待言。承蒙领导的一番苦心与盛情，小伙子们就是晚上赶个通宵，也要把任务完成。

这位领导的高明之处就在于充分了解自己的下属：这帮球迷此刻的心情，就是扣半个月工资也是拦不住的啊。

在许可的情况下，面对突发事件顺应人心而灵活一"弹"，既维护了领导的尊严，同时消除了一触即发的冲突，从长远看又保护了上下级之间顺畅的沟通，真是一举三得。制度是死的，情况却不断变化，这就需要领导者掌握制度的"弹性"。

第九章

业绩考核：向管理要利润就得跟业绩挂钩

考核，是一种制度，一种标准，也是一种激励，更是企业利润的护航舰。对任何一个企业来说，要想提升自我的获利能力，就必须注重业绩考核方面的管理。事实上，一些优秀的企业都已经用事实向我们证明了这一点。

没有考核就没有标准

一个科学的考核体系，实际上是企业给每个员工提供了一面“镜子”，以便其清楚地知道自己在做什么，同时又是给每个员工提供了一把“尺子”，准确衡量自己做得怎么样。

业绩考核是针对企业中每个员工所承担的工作，应用各种科学的定性和定量的方法，对员工行为的实际效果及其对企业的贡献或价值进行考核和评价。业绩考评的目的是通过考核发挥每个人的潜力，提高每个个体的效率，最终实现企业的获利。

如果你希望把优秀的人才吸引到自己的团队来，就必须建立公平的绩效考评制度。没有考核就没有标准，没有考核员工就不知道自己哪儿做得不好，不知道该怎么做。因此，建立一个科学的考核体系，实际上是企业给每个员工提供了一面“镜子”，以便其清楚地知道自己在做什么，同时又是给每个员工提供了一把“尺子”，准确衡量自己做得怎么样。

吴兴大学毕业后进入了一家中外合资公司做销售工作。他很满意这份工作，因为工资高，还比较固定，不用担心未受过专门训练的自己比不过别人。若拿佣金，比人少得太多就会丢面子。这样倒好，没有压力，可以好好过一阵清闲日子了。

刚上班的头两年，吴兴的工作平平淡淡，销售成绩一般。随着年龄增长，孩子出生，家庭经济压力的增大，他有了一种成就事业的紧迫感。于是，他开始努力工作改变现状，随着对业务的熟悉和与客户关系的加强，销售额也渐渐上升了，他渐渐感到工作的得心应手。到了第三年年底他已列入全公司几十名销售员中的前列。对下一年成为推销员中的冠军，他很有信心。

但是，吴兴对工作逐渐失去了热情，他的心情很不舒畅。自己拼死干活，工资不但没有比以前多多少，也从来没有得到过老板的表扬。因为依照该公司的政策，是不公布每人的销售额，也不鼓励互相比较。去年，吴兴干得特别出色。尽管定额比前年提高了25%，到了9月初他就完成了这个定额。根据他的观察，同事中间还没有人完成定额。今年，公司又把他的定额提高了25%，他仍是一路领先，比预计干得还好。本来，他根据经验估计，9月前他准能完成自己的定额。

吴兴看着永远“平静”的公司，越干越觉得自己没有动力和激情了，其实一开始他并不关心表扬什么的，现在却重视起来了。不仅如此，他开始觉得公司对推销员实行固定工资制是不公平的，一家合资企业怎么也搞大锅饭？应该按劳付酬。

偶然的一天，他听说本市另两家中外合资化妆品制造企业都搞销售竞赛和有奖活动，业绩优秀者可以拿到高额的佣金。其中一家是总经理亲自请最佳推销员到大酒店吃一顿饭；而且还有内部通信小报，公告每人的销售业绩，还评选季度、年度最佳销售员。而自己在公司待了这么长时间，一直没有得到提升。他决定去找公司经理好好谈谈，他诚恳地对经理谈了他的想法，建议改行佣金制，至少按成绩给奖金制。不料经理说这是既定政策，拒绝了他的建议。这让他感到在公司的前景特别暗淡，于是他毫不犹豫地辞职了。

可以看到，吴兴辞职的原因其实就是因为该公司没有一个完善的绩效考核制度。没有完善的考核，就没有了标准，就不能发挥其应有的激励作用。在企业中，没有考核的话，人人“平等”，无论干多干少、干好干坏都一个样，这种煮“大锅饭”的制度看似照顾了所有员工的“面子”，但是却无法调动他们的工作积极性。

业绩考核是现代企业管理的最重要的方法之一。它对构建公平合理的工作环境、增强企业的向心力和凝聚力、保证企业生产持续稳定的进行有着举足轻重的作用。

通过考核，有利于建立公平合理的企业环境，有利于发现培养人才，稳定员工队伍。因为一个员工队伍不稳定的团队，其最重要的影响因素往往不是绝对工资待遇的高低，而是员工是否感到受到公平的对待。在很多企业里，员工工作出色在收入上却得不到体现，在职位上得不到提升，在待遇上得不到改善，这样下去人才自然就流失了。

通过考核，可以提高员工的工作学习的积极性和自觉性，增强员工的危机感和责任心。绩效考核的实施，使员工尤其是同岗位的员工工作成效分出了三六九等。一般管理者都清楚，即便最优秀的员工团队，其员工的工作技能及成果也不会完全一样，总是会存在这样或那样的差异。位于前列的员工会有自豪感和成就感，而位于后列的员工则会有危机感和羞耻感。这些感受会成为员工积极工作求上进、自觉学习争一流的不竭动力。

通过考核，可以客观的评判员工之间的工作差异，各种收入也将随着绩效考核结果随时予以调整。因为绩效考核而出现的收入差异，大家也会心悦诚服的接受。即便有因为绩效考核而流失的员工也必是滥竽充数的南郭先生，这对企业无疑是好事。

了解业绩考核的原则

一个组织其下属的情况是复杂的，不同的下属在工作能力、工作素质、工作绩效上都有不同，必须把握这种差异性，才能合理地使用下属和对待下属，使他们得到公平的待遇。

绩效考核通常也称为业绩考评或“考绩”，是针对企业中每个职工所承担的工作，应用各种科学的定性和定量的方法，对职工行为的实际效果及其对企业的贡献或价值进行考核和评价。业绩考评的目的是通过考核发挥每个人的潜力，提高每个个体的效率，最终实现企业的目标。而这个目标的实现，关键在于企业内部绩效考核标准的建立和运作。

一个组织其下属的情况是复杂的，不同的下属在工作能力、工作素质、工作绩效上都有不同，必须把握这种差异性，才能合理地使用下属和对待下属，使他们得到公平的待遇。怎么把握下属之间的差异？考核是最重要的办法。为了正确而有效地进行人员考绩，首先要明确人员考绩所必须遵循的几个基本原则。

1. 实事求是原则

不管做什么，实事求是都是最基本的原则。实事求是就是要尊重客观事实，不能讲假话、办假事。作为管理者，针对下属的问题，是对就是对，就要表扬；是错就是错，就要指出来，以便改正。不能是错误的，而为了表面上过得去，就说是对的，却在背后找机会报复下属。只有实事求是，才能使下属们信服，这也是考核人的最基本原则。

2. 目标导向原则

目标导向原则要求考核内容应紧紧围绕着被考核人应该完成的组织所分配的各项工作。考核的首要目的是为了保证组织目标的实现，因此，在考核时应着重于考核被考核人岗位职责的履行情况和工作计划完成情况，并且把那些对组织目标实现有重大影响的工作或容易出现问题的薄弱环节作为重点考核内容。

3. 严格原则

考绩不严格，就会流于形式，形同虚设。考绩不严，不仅不能全面地反映工作人员的真实情况，而且还会产生消极的后果。考绩的严格性包括：要有明确的考核标准；要有严肃认真的考核态度；要有严格的考核制度与科学而严格的程序及方法等。

4. 客观公正原则

客观公正的考核，可使考核得到被考核人的认可，从而发挥其相应的作用。反之，就会挫伤被考核人的工作积极性，并使考核本身失去意义。因此，客观公正是考核的基本要求之一。在考绩中，各级领导和人事部门要排除一切干扰，本着实事求是的精神，客观、全面、真实地考察和评价工作人员，要摒弃个人的好恶恩怨，防止用感情和偏见来代替政策。

5. 奖惩原则

依据考绩的结果，应根据工作成绩的大小、好坏，有赏有罚，有升有降，而且这种赏罚、升降不仅与精神激励相联系。而且还必须通过工资、奖金等方式同物质利益相联系，这样，才能达到考绩的真正目的。

6. 适用有效原则

考核方法的适用与否，直接关系到员工对考核的接受程度和最终考核结果的有效性，考核方法的适用有效原则要求所采取的考核方式必须与本组织的发展阶段、发展水平、管理基础、成本承受能力和企业文化理念相适应，并能客观全面地反映被考核人的实际绩效。

7. 反馈原则

考评的结果（评语）一定要反馈给被考评者本人，否则就起不到考评的教育作用。在反馈考评结果的同时，应当向被考评者就评语进行说明解释，肯定成绩和进步，说明不足之处，提供今后努力的参考意见等。

8. 期限原则

考核的期限是考核中一个重要的环节，在考核工作中一定要予以重视。在确定业绩考核的期限时，一定要注意让下属在这个期限内，能够彻底地完成他们的工作。内容不同，完成工作所需要的时间也不同。所以，绩效的期限是有长有短的，要视具体情况而定。

考核期限一定要“足够”的长，以使下属能在这一期间内充分地表现自己，这样才能对他们作出正确的评价。特别要强调在对下属的业绩进行考核时，期限的确定更要谨慎、认真。

9. 结果公开原则

考绩的结论应对本人公开，这是保证考绩民主的重要手段。这样做，一方面可以使被考核者了解自己的优点和缺点、长处和短处，从而使考核成绩好的人再接再厉，继续保持先进；也可以使考核成绩不好的人心悦诚服，奋起上进；另一方面还有助于防止考绩中可能出现的偏见以及种种误差，以保证考核的公平与合理。

10. 圆通的原则

绩效考核是对员工工作成绩的一个衡量，并不是管理者和员工之间对立的体现，所以在绩效考核过程中，既要体现公平，又必须考虑员工的感受，管理者要秉持圆通的原则，才能达到管理者和员工之间的和谐。

设置合理的绩效考核标准

标准是考核中用来衡量下属的尺度，表示下属完成工作任务时需要达到的状况。因此，标准必须不断完善，才能激发下属的积极性。

提到“标准”，人们便会想起了那个著名的《猎人与猎狗》的故事。

有个猎人有很多条猎狗，为了每次打猎后的分配公平，猎人开始实施以兔子的数量为标准对猎狗进行考核评估，并以此作为它们分到食物多寡的衡量标尺。起初，这种做法起到了很大的作用，但是随着时间的推移，问题出现了。猎狗们发现，大兔子往往比小兔子更难捕捉，而无论抓到大兔子还是小兔子，得到的奖赏都是一样的。当它们发现这个窍门后，就专门去抓小兔子。慢慢地，所有的猎狗就都发现了这个窍门，它们所抓的兔子也越来越小了。之后，猎人也发现了这点，便问：“为什么你们抓的兔子越来越小呢?”于是，猎狗们便回答：“反正大兔子和小兔子也没什么区别，我们为什么要费劲去抓大兔子呢?”

所以管理者在绩效考核时一定要制定明确合理的标准。但如何建立完善的绩效考核标准，又如何做到真正意义上的公正、公平呢？下面我们来看看一些高绩效公司的经验。

1. 考核制度要简明易懂

任何制度的制定目的都是为了应用，如果过于复杂而难于应用，那就有违当初制定时的本意。因此首先必须使考核制度简明、清晰、易懂，使被考核者明白自己的努力方向和不作为成本或违规成本。若考核制度复杂得让常人无法理解、多得眼花缭乱，被考核者就会“不在乎”或“无法在乎”，这就与考核的初衷相悖。

2. 标准要适度

制定的标准既不过高，也不过低。再形象一点说，就是“跳一跳便可以摘到树上的桃子”。标准制定得过低，下属不费吹灰之力就能够达到，这样考核就失去了意义；标准制定得过高，下属无论怎么努力都不能达到，他们就会产生“破罐子破摔”的想法：既然怎么做也达不到要求，干脆不干了，这样还不如不制定标准。只有那些经过一定的努力可以达到的标准，才能对下属产生激励作用。

3. 要有一个远景规划

就是你作为领导希望五年、十年、二十年后，把这个公司变成一个什么样的公司，你的目标是什么。另外，绩效的衡量目标一定要从上而下，而且，需要跟流程制度配合在一起。目标的确定，一般来讲是很高的，从远景怎样变成任务，变成现实，这需要非常紧密地结合起来。

4. 不断完善考核标准

外界环境发生了重大的变化，考核标准应该随之改变，这才是明智之举。比如，某电器销售公司，它给员工规定的标准是每月销售 100 台电视机，才能拿到当月的奖金：在春节过后的一个月，由于居民的购买力下降，员工无论怎么努力都完不成指标，可是管理者根本不理会这些，依然扣发了他们的奖金。这一下，员工可就不满意了：“电视销售不动又不是我们的错，本来就是销售淡季嘛……”但是，管理者依然我行我素，无奈之下，很多员工都辞职去了别处，公司的业务发展因此受到巨大的冲击。

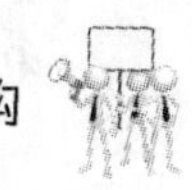

考核标准的制定需要考虑多方面的因素，合理的标准能够发挥下属的积极性，取得良好的效果。标准是考核中用来衡量下属的尺度，表示下属完成工作任务时需要达到的状况。因此，标准必须不断完善，才能激发下属的积极性。

一套完善的绩效考核制度是对员工进行有效考核的基础，作为企业的管理者一定要依据公平公正的原则，建立一套适合自己企业的绩效考核制度。如此才能最大限度地提高员工的积极性，激发他们的潜能。

别把冷冰冰的数字和表格看成是管理的根本

> 绩效考核绝对不是对员工进行批评或者指责的机会，因为这样的绩效考核一定不会被员工所接受，更不必说为企业服务了。管理者一定要形成这样的观念：绩效考核是为员工的成长提供服务的，必须以员工的成长为出发点。

绩效考核是对员工工作的精确衡量，所记录的应该是员工的绩效表现，应如实记录，既包括员工工作中的失误，也包括员工所取得的成绩，这样的绩效考核才能让员工从心底认同。

如果绩效考核只是一堆冷冰冰的数字和表格，就无法实现为员工成长服务的目的。因此，在实施绩效考核的过程中，就需要管理者与员工之间进行面对面的沟通，更多地了解员工的想法，避免在考核过程中出现失误。如果管理者只是作为一个员工工作表现的记录者，那么绩效考核也就失去了帮助员工成长的意义。管理者和员工之间的沟通还有助于达成双方的相互理解，改进工作中的问题，发现管理流程中的漏洞和不足。

绩效考核的最终目的是为了改善员工行为，推进企业发展。所以，管理者应该注意考核标准的透明化，而不是任由员工盲目努力。由管理者和员工共同制定考核标准，标准既不能高到每个人都达不到，也不能低到丝毫不具挑战性。当员工参与制定考核标准时，员工就明确了自己的努力方向。而且，当管理者看到员工的工作评估时，应及时地表明意见，需要表扬的立刻给予肯定，需要批评的也马上给出意见。这样才能有效地改善员工的行为。

为了更加准确地评价员工的工作，管理者还要避免出现片面和偏见，有必要从多个角度对员工进行绩效考核，而不是单单从领导管理者的角度来进行考评。个人的目光难免会有失偏颇，而且每个人都有人性上的一些弱点，片面地评价很容易失之公允。所以，绩效考核可以从领导管理者、同事、团队成员、客户等多个角度进行评价。这将使考评结果最大限度地体现科学性和客观性。而且，这样的考评显然能更加全面地对员工工作进行总结，有利于员工从中找出不足，更好地改进。

对于管理者来说，绩效考核绝对不是对员工进行批评或者指责的机会，因为这样的绩效考核一定不会被员工所接受，更不必说为企业服务了。管理者一定要形成这样的观念：绩效考核是为员工的成长提供服务的，必须以员工的成长为出发点。这样才能让员工更愿意接受绩效考核的结果，也会使管理者能更有效地利用绩效考核为企业的发展服务。

当管理者把绩效考核看作是为员工成长服务的工具时，就不会对员工出现的错误进行大肆的批评，而是坦诚地指出不足，帮助员工改正缺点，从而取得更大的进步。而对于有成绩的员工，管理者则承认他们对公司所做出的贡献，借助于绩效考核来对他们进行相应的奖励或提升。这样的绩效考核才能够得到员工的支持，使管理者和员工之间建立良好的关系。

尽管人人都渴望得到赞美，但是绩效考核并不是“庆功会”，管理者对于那些绩效水平较低的员工还是要提出批评和建议的，以便督促他们进步。只要管理者能够站在员工的立场上，诚恳地表达自己的看法，员工就

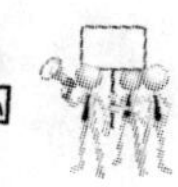

能够感受到管理者的关心，他们不会由此产生出防备心理或消极对抗，而是会虚心接受。而那些绩效水平较高的员工，同样需要得到管理者的肯定和奖励，让他们感受到自己的工作对于企业的贡献，从而受到更大的鼓舞。

员工个人的成长是与企业联系在一起的，通过管理者制定的一系列量化指标，员工对于自己的工作会有更加明确的认识，从而清楚自己的努力方向，而且通过管理者的指导和建议，员工和管理者之间能够形成更好的沟通。当管理者的绩效考核得到了员工的认可，并成为促进服务于员工成长的工具时，员工就会充分地发挥自己的主动性去面对企业的考核，积极地为企业的成长而加倍努力。

以员工的成长为出发点

> 绩效考核是为员工的成长提供服务的，必须以员工的成长为出发点。这样才能让员工更愿意接受绩效考核的结果，也会使管理者能更有效地利用绩效考核为企业的发展服务。

没有考核，企业就难以及时发现企业活动是否偏离目标；没有考核，企业也无法知道各部门和员工工作职责的履行情况，从而无法保证企业战略措施的落实和企业目标的最终实现。

而对于员工来说，没有考核就不知道自己做得如何，无法发现问题，也不清楚自己擅长什么，不擅长什么，存在哪些不足。绩效考核绝对不是对员工进行批评或者指责的机会，因为这样的绩效考核一定不会被员工所接受，更不必说为企业服务了。管理者一定要形成这样的观念：绩效考核是为员工的成长提供服务的，必须以员工的成长为出发点。这样才能让员工更愿意接受绩效考核的结果，也会使管理者能更有效地利用绩效考核为企业的发展服务。

通用电气（中国）公司的考核内容包括“红”和“专”两部分，“专”是工作业绩，指其硬性考核部分；“红”是考核软性的东西，主要是考核价值观。这两个方面综合的结果就是考核的最终结果。

在通用电气，年终目标考核有四张表格。前三张是自我鉴定，其中第一张是个人学历记录；第二张是个人工作记录（包括在以前公司的工作情况）；第三张是对照年初设立的目标自评任务的完成情况。根据一年中的表现、取得的成绩，对照通用电气的价值观、技能要求等，确定自己哪些方面是强项，哪些方面存在不足，哪些方面需要通过哪些方式来提高，需要得到公司的哪些帮助，在未来的一年或更远的将来有哪些展望等；第四张是经理评价。经理在参考前三张员工自评的基础上，填写第四张表格。经理填写的鉴定必须与员工沟通，取得一致的意见。

如果经理和员工有不同的意见，必须有足够的理由来说服对方；如果员工对经理的评价有不同的意见，员工可以与经理沟通，但必须用事实来说话；如果员工能够说服经理，经理可以修正其以前的评价意见；如果双方不能取得一致，将由上一级经理来处理。

在通用电气，月度考核与年终考核紧密结合，考核始终贯穿在工作的全年。考核目的是非常明确的，就是为了发现员工的优点与不足，激励与提高员工有效地提高组织效率；考核的结果与员工第二年的薪酬、培训、晋升、换岗等利益联系。

在通用电气，管理者十分注重学习，但是相比于学习，更重要的是业绩。管理者向自己的员工传达了这样一个理念：业绩在通用公司的文化中占有十分重要的位置。当你进入了通用，不管你来自哈佛，还是来自一个不起眼的学校，衡量你的都是同一套标准，你现在的表现比你过去的经历

更重要。在这里，绩效考核总是服务于员工的成长，通用为员工提供了很多表现自己的机会，员工随时都可以接受更大的挑战。正是凭借这样的绩效考核，通用电气公司取得了令人瞩目的成绩。

当管理者把绩效考核看作是为员工成长服务的工具时，就不会对员工出现的错误进行大肆的批评，而是坦诚地指出不足，帮助员工改正缺点，从而取得更大的进步。而对于有成绩的员工，管理者则承认他们对公司所做出的贡献，借助于绩效考核来对他们进行相应的奖励或提升。这样的绩效考核才能够得到员工的支持，使管理者和员工之间建立良好的关系。

尽管人人都渴望得到赞美，但是绩效考核并不是“庆功会”，管理者对于那些绩效水平较低的员工还是要提出批评和建议的，以便督促他们进步。只要管理者能够站在员工的立场上，诚恳地表达自己的看法，员工就能够感受到管理者的关心，他们不会由此产生出防备心理或消极对抗，而是会虚心接受。而那些绩效水平较高的员工，同样需要得到管理者的肯定和奖励，让他们感受到自己的工作对于企业的贡献，从而受到更大的鼓舞。

员工个人的成长是与企业联系在一起的，通过管理者制定的一系列量化指标，员工对于自己的工作会有更加明确的认识，从而清楚自己的努力方向，而且通过管理者的指导和建议，员工和管理者之间能够形成更好的沟通。

当管理者的绩效考核得到了员工的认可，并成为促进服务于员工成长的工具时，员工就会充分地发挥自己的主动性去面对企业的考核，积极为企业的成长努力。

把双赢视为最终追求目标

企业是一个利益共同体，企业与员工之间是一荣俱荣、一损俱损的关系。考核是一种有效的手段，通过它可以更好地促进企业的发展和员工的成长，达到双赢的目的。

我们知道，考核的主要目的，一是为了及时地发现平时工作中存在的问题，以便采取相应的措施加以改进，从而确保组织目标和战略的实现。二是为了及时了解员工的工作情况，以便有针对性地指导员工，从而促进员工成长。三是为企业的人事晋升、分配奖惩提供客观的依据。

科学的考核观主张考核不仅是要发展企业，更是要成就个人。企业是一个利益共同体，企业与员工之间是一荣俱荣、一损俱损的关系。考核是一种有效的手段，通过它可以更好地促进企业的发展和员工的成长，达到双赢的目的。

海腾公司是一家股份制公司，每年年初都要召开例会制定本年度的共赢目标。然而令总经理十分头疼的是，合理分配既有资源的分析会，总是不可避免地变成了各部门争夺预算的“蛋糕瓜分”会——素日关系融洽的各部门领导为了争取各自的利益和资源剑拔弩张，以致会议通常在一片混战中结束。最终，无论“蛋糕”如何划分都很难让大多数人满意。在不欢而散的各部门经理中，有的部门为得到的“大蛋糕”沾沾自喜，未来一年即便偷闲躲静也可高枕无忧，年底绩效考核能高分过关；分到“小蛋糕”的部门却也暗自窃喜，年底的绩效考核指标即便不能达到也有很好的借口。

不仅部门间唯考核指标是从，部门内部的绩效考核问题也层出不穷。一年前入职的小杨原本对新工作充满激情，不久前却突然提出离职。经理在与小杨长谈中发现，她离职的触发原因是季度性 KPI（Key Performance Indication，关键业绩指标）考核的结果不理想。小杨认为，由于客户资源分配不均，导致 KPI 排名也存在不公平的现象，相比手握大把客户的同事，工作表现更为努力优越的小杨失去了晋级机会，迷茫之际决定离开……

在案例中，小杨感受到了绩效考核的不公平，使其对自己的职业产生迷茫，这阻止了其对工作的兴趣，最终以离职收场。

管理者需要明确，绩效考核的目的不是对员工进行奖励和惩罚，而是通过绩效考核的方式，促进员工的工作积极性，从而改善业绩。如果绩效考核已经成为阻碍员工工作积极性的障碍，那么绩效考核已经与预期的目标南辕北辙了。

无论对员工还是对管理者来说，绩效考核所产生的效果都是双赢的。管理者和员工之所以会对绩效考核有抵制或反抗的心理，不过是在观念上有分歧。管理者认为绩效考核是让员工受益了，因为表现良好的员工可以得到奖励。但是员工们的看法却是截然相反的，他们认为管理者之所以进行考核不过是为了让他们做更多的工作，即使有部分员工受益，也是辛苦工作换来的。更多时候，绩效考核就是他们的黑名单，管理者借此对他们进行惩罚。所以，员工们认为绩效考核的受益者是企业，而非自己。

正因为如此，管理者在绩效考核中就面临着很重要的责任。一方面，既要正确地理解和执行绩效考核，对员工的工作有一个正确的评价；另一方面，又要避免与员工之间的矛盾，防止由于绩效考核造成管理者和员工的不和。为了避免这些问题，管理者首先就要帮助员工在这一问题上形成双赢的观念。

管理者和员工是合作伙伴关系，管理者的工作成绩实际上是通过员工的工作绩效来体现的。员工的工作绩效较高，是对管理者的管理成绩的证明。所以，在工作绩效的评定上，管理者和员工并不是对立的，而是相互统一的，双方利益共享，风险共担。管理者对员工进行绩效考核，并不是为难员工，也不是趁机批评员工，而是让员工知道自己的工作对于企业的意义，肯定员工对企业的贡献，同时帮助员工找出工作中的缺点，以便于更好地改进。绩效考核在帮助员工成长的同时，也是在帮助企业成长。

如果管理者和员工达成了这种双赢的观念，管理者就能够更加明确地帮助员工确立工作目标和工作时限，并为员工完成任务提供更多的支持。而员工也能够安心工作，同时利用绩效考核使自己的工作更容易实现绩效目标。

为了帮助员工达到绩效目标，管理者不应该只在绩效考核的时候指出员工的错误以便惩罚他们，而是应该随时与员工保持沟通，为员工提供帮助，提供改进意见。员工在管理者的及时辅导下，也能够迅速地解决工作中出现的问题，从而和管理者确立良好的关系，提高工作的积极性。

总之，考核的最终目的是实现企业和个人双赢。员工要正确地面对考核和考核的必要性，各级管理者也要正确地面对考核和考核的必要性。

第十章

维护渠道：向管理要利润需保持渠道通畅

什么是价值？价值就在于流通。企业的利润恰恰就是直接体现在这一点上的。渠道的管理，其实就是将企业内部与外部连接，让价值产生利润的一个过程。渠道的维护与管理，也就变得更为重要了。

建立渠道的原则与技巧

> 营销渠道本身没有优劣之分，关键在于企业自身的状况如何和企业进行选择。好的营销渠道，能使产品畅销，而产品畅销反过来又验证企业建立了最适合于自己的渠道。

营销渠道的种类多种多样，企业可以选择一个有较好环节的长渠道，也可以选择只有一两个环节的短渠道。在一个市场上，企业可以只选择一家经销商作独家代理，也可以同时选择很多家经销商进行密集销售。

耐克（Nike）公司在六种不同类型的商店中销售其生产的运动鞋和运动衣：①体育用品专卖店，例如，高尔夫职业选手用品商店，在那儿耐克公司已经宣布了其准备生产一种新型运动鞋的计划；②大众体育用品商店，那里有许多不同样式的耐克产品；③百货商店，那里集中销售最新样式的耐克产品；④大型综合商场，那里仅销售折扣款式；⑤耐克产品零售商店，包括大城市中的耐克城，在那里有耐克公司生产的全部产品，但其重点是销售最新样式的耐克产品；⑥工厂的门市零售店，所销售的大部分是二手货和存货。同时，耐克公司限制销售其产品的商店的数量。例如，在佐治亚州牛顿县，它仅允许贝尔克百货商店（Belk）和罗克罗姆商店（Logkeroom）销售其所生产的产品。

耐克根据不同的产品选择自己的营销渠道，使得耐克成为随处可见的国际知名品牌。

营销渠道本身没有优劣之分，关键在于企业自身的状况如何和企业进

行选择。好的营销渠道，能使产品畅销，而产品畅销反过来又验证企业建立了最适合于自己的渠道。要建立一条畅通的营销渠道，需要从下面几个方面着手。

1. 选择最适合公司产品的销售渠道

产品因素是建立营销渠道所考虑的最基本的因素。在很多情况下，产品因素直接决定着营销渠道的选择。

如果企业生产的是便宜的日用商品，如糖果、剃须刀片、啤酒等，选择营销渠道的基本策略应当是：使产品在尽可能多的地点出现，以方便尽可能多的顾客购买。批发商、零售商越多越好。

如果企业生产的是一些较为高档、价格较贵的产品，如彩电、冰箱、音响器材，则应“货比三家”，慎重选择经销商，销售地点也不可铺得太开。

如果企业生产的是与众不同的专业产品或价高质优的奢侈品，如艺术品、珠宝，则最好采用独家营销方式，可以选择一个有实力、靠得住的代理商代理一个商业区内的销售。

如果企业的产品技术性很强，使用复杂，则意味着必须提供较多的售中、售后服务，应当选择具有较强的服务精神并具有一定技术服务能力的商家作经销商。

如果企业的产品具有较大的变动性，如生产的是流行服装，那么最好采用较短的营销渠道，使产品尽可能快地到达顾客手中，以免产品上市却已过了流行期。易腐产品也要求较直接的营销，环节一多，东西就可能变质。

2. 选择适合公司目标市场的营销渠道

对于企业的目标市场而言，可能只存在一条最佳的营销渠道，而公司

的工作则是寻找它、确定它。

（1）需要考虑，企业的目标市场的地理分布情况。

如果企业的目标市场分布在广阔的地区，也许就不得不借助更多的中间商使销售渠道宽一些、长一些。

（2）应该考虑企业目标市场上顾客的购买数量。

对大批量订货的顾客，企业可以采用直接供货的形式，从而减少环节、降低成本、增加利润。对于购买数量小且购买频繁的顾客，企业可以通过中间商满足他们的要求。

（3）公司目标市场的消费是否具有季节性。

由于文化习俗、生活习惯及气候等方面的影响，企业目标市场的消费很可能具有季节性，如元旦、春节购物旺季、假期儿童购物与旅游购物。对季节性产品，最好多利用中间商，让他们为企业贮存产品，在销售时机到来之时，让他们以最快的速度向顾客提供产品。

3. 选择适合公司自身条件的营销渠道

营销渠道的建立需要付出代价，这就是为什么大多数好的营销渠道并不一定是最理想的渠道，而是最适合营销条件的渠道。

当公司准备建立自己的营销渠道时，关于企业自身情况需要考虑以下几种因素。

（1）资源状况。

资源状况是指企业有多少人财物资源用于建立、维持营销渠道。

松下公司有着雄厚的实力，方可支撑住几万家松下电器商店，直接销售松下产品。如果实力差一些，松下也不可能自己开店直销自己的产品。

（2）销售经营能力。

如果企业对营销渠道有丰富的经验和很强的管理能力，那么企业可以尽可能多地插手销售；如果对销售知之甚少，那么最好还是让利于人，选择富有经验与实力的中间商充当销售的主力军，企业就可以集中精力去开发、生产产品。

（3）销售控制的意愿。

当生产者把产品转移到中间商手里，往往失去了对产品大部分的控制权，对产品销售的影响也就大大减弱了。

如果为了产品与企业的声誉，为了竞争的需要，或者为了利润，公司需要强化对营销渠道的控制，那么公司就不得不分出更多的精力与零售商打交道，或者干脆自设网点销售，当然，这也意味着公司将有更多的支出。

美国三大汽车公司对销售渠道进行较为严密的控制。他们制定统一的营销政策，对于不执行销售政策的经销商则停止其经营资格。而对做得好的经销商，则给予支持，使其获得满意的利润。

4. 选择符合公司要求的中间商

在决定采用什么样的销售渠道后，还有个问题需要解决，即妥善选择符合公司条件与要求的中间商。理想的中间商应该具有以下几个特征。

（1）对外形象要好。

良好的形象是一笔巨大的无形资产，会帮助公司打开畅销之门。试想，若一家信誉卓著的经销商经营公司的产品，那么，顾客会相应认为公司产品的质量不错。这就叫“商誉光环效应”，经销商的有价商誉无形中使公司的产品“增值”，促其畅销。

（2）有较强实力。

有较强实力，能迅速有效地推出公司的产品。试想，如果一个经销商经营无方，一天卖不出什么东西，公司把产品托付给他，岂不要跟着“全军覆没”？

产品是一回事，营销是另一回事。好产品不一定好卖，关键看怎么卖，所以对经销商的选择也至关重要。

懂得维护优化渠道

任何一个渠道都是动态的，不是静态的。要想使这渠道保持健康、充满活力，必须不断地对这渠道进行吐故纳新，剔除一些变质或者跟不上潮流的成员，补充一些新的成员。

在渠道管理中，渠道维护和优化是很关键的。如果不能有效做好经销商渠道的维护，长时间花费大量资源的结果很可能会前功尽弃，也就是说公司前期的投入将白白浪费，不仅得不到预期的利润，很可能带来更严重的后果。

古天雷任职于T啤酒公司，负责一个地级市的啤酒销售。他从一个普通的业务员做起，用了两年的时间，升到了该地区的区域经理。在这两年的时间里，他的足迹几乎踏遍了该地级市的每一个乡镇，对该地区的地理情况了如指掌。更重要的是，有过两年的啤酒销售经历，他自信自己已经拥有了一张由地市到县城再到乡镇的强大批发渠道。他之所以这么自信，有他的理由。

首先，该地级市从市区到县城再到乡镇，几乎所有从事快速消费品批发销售的批发商都跟他打过交道，有过生意上的往来；其次，他负责管理的某啤酒公司在该地区的经销商以及二批商乃至三批商中，都是该地区批发产品的佼佼者，而且大部分合作非常愉快。批发商们通过经销该啤酒，既赚了钱又赚了下级网络，批发商们普遍对他比较信服和尊敬。

鉴于以上原因，古天雷踌躇满志，已不再满足于做一个每月拿固定工资的职业经理人了。他觉得拥有这么好的渠道，应该自己做点事情。经过一番前期的筹备，他的新公司很快开张，并且拿到了省内另外一家著名啤酒在该地区的代理权。

凭着以前做T啤酒的网络，新啤酒很快在该地区全面上市。古天雷自信，凭着他以前的威望和关系，新啤酒全面上市只是第一步，接下来他要把这些渠道彻底拉过来，只做新啤酒，不做T啤酒，打败T啤酒。

三个月过去了，结果十分令人意外：二批商们纷纷抱怨新啤酒价格高，经销商利润薄，促销政策变化快，市场投入不够等，最后这条曾经令古天雷十分自信和骄傲的渠道不仅没有给他带来预期的收益，反而集体背叛了他，新啤酒在网络的销售陷于停滞。当笔者再见到他时，他已经疲惫不堪，心力交瘁。

为什么曾经令这位职业经理人十分自信的渠道会离他而去呢？答案就是缺乏维护和优化渠道的措施。

作为一个管理者，建立一个渠道只是一个基础、一个开始，要想保持渠道对你的忠诚度，并利用它来发挥获利作用，必须对这渠道不断地进行修护工作，也就是管理与维护。否则的话，即使再好的渠道，在经历市场变化、利益诱惑等时也有可能失去，更别提想用它来为企业创造利润了。那么，如何来维护优化渠道呢？

1. 让渠道有利可图

在众多的合作者中，批发商们之所以愿意跟你做生意，主要还是觉得你的产品有钱赚。如果有一天他发现经销你的产品没钱赚了，肯定迟早会离你而去。因此，保证渠道有利益可赚，这是前提。

2. 渠道的吐故纳新

任何一个渠道都是动态的，不是静态的。要想使这渠道保持健康、充

满活力，必须不断地对这渠道进行吐故纳新，剔除一些变质或者跟不上潮流的成员，补充一些新的成员，从而使整个网络保持活力。所谓吐故，主要针对的是对公司缺乏忠诚度的人，跟不上公司发展的速度的人，以及渠道中的捣蛋分子，比如经常冲货、降价、屡教不改者。

所谓纳新，是指那些目前还不是渠道中的成员，但其认同你公司的理念文化，对你的公司有一种向往。其自身的成长性非常好，资金、人员、配送各个方面都比较有实力，而且诚信经营。如果他们加入，会对你在该地区的销量和网络完善有很大的帮助。

3. 收益高过竞争对手

现在市场竞争激烈，同类产品往往有很多竞争对手，而唯利是图又是渠道的天性，哪个产品的收益高，渠道肯定会投入更多精力去销售这个产品。因此，要尽可能使你的产品给渠道带来的收益高过竞争对手。这里的收益是多方面的，它不仅包括利润，还包括网络、名声、额外收益等，比如两大可乐虽然给渠道带来的单件产品利润很低，有些甚至不赚钱，但渠道仍然乐此不疲，是因为可乐虽然不赚什么钱，但它能给批发商们带来下级网络，还能搭货。

4. 严格控制冲货

冲货是批发商们最头疼的事，冲货导致的后果是价格体系崩溃，大家都没钱赚。

5. 渠道的创新

渠道创新则包含两个方面的内容：一方面指要开拓出与原来完全不同的渠道，达到一种“山重水复疑无路，柳暗花明又一村”的效果。比如，汇源果汁看到其他果汁在商超拼得头破血流时，自己悄悄开辟了酒楼销售渠道，从而成为今天餐饮果汁饮料市场的领头羊。

另一方面是指改变旧的渠道模式，创造一种新的、更适合市场发展的渠道模式。最有代表性的可以说是格力电器，它原来实行的是省经销制度，后来随着市场竞争越来越激烈，这种模式种种弊病便开始显露出来。1997年，格力实行渠道变革，首创新模式，在各省与经销商合作成立格力电器销售分公司，把厂家的利益和经销商的利益牢牢捆绑在一起，极大地激发了渠道的积极性。此外，家电厂家直接给国美、苏宁等家电超级终端供货，手机厂家直接与手机连锁零售大鳄中域、恒波合作。

总之，市场是瞬息万变的，随时随地都有很多新的情况出现，厂家只有根据市场的变化，适时地调整自己的渠道模式，进行渠道创新，才能在激烈的市场竞争中立于不败之地。

建立一张良好的客户网

作为领导者，当你一旦建立起一个良好的客户网，并能驾驭这张网良性运作时，你就会发现自己的渠道是多么的畅通，自己的企业在不断地获取利润。

向管理要利润就要保持渠道的通畅，维护和管理渠道，这就需要建立一张良好的客户网。因为只有开发客户，才能找到需要你产品或服务的人才，能创造业绩。

诺罢·拉文是一个私营公司的老板，在经营企业方面，他可谓是高手。不仅公司产品质量得到客户的信赖，就是在服务上也争取做到精益求精，在员工管理上更是如鱼得水，游刃有余。因此，在激烈的市场上，很

多同行也亏损倒闭，但他的企业一直处于发展的趋势。在诺罢·拉文看来，销售渠道是一个企业的命脉，只有保持渠道的畅通，才能使企业不断发展，为此他很重视建立一个客户网。其中和客户、朋友一起就餐成了他建立客户网的一种重要的方式。

诺罢·拉文做每周工作计划时就先确定他要同哪些人碰面，然后每个礼拜安排四个早餐、四个午餐和两个晚餐来跟他个人或业务目标有关的人士聚餐。他们可能是客户，也可能是朋友，或是某些有影响力的人，也有可能是潜在客户或其他人。

他经常会在街上遇见他想一起吃饭的人。所以他在最忙的时候，一周会有四次正式的早餐、午餐和两次晚餐。因此他一个星期下来，可以多了10次访谈机会，在很愉悦的时间里加深顾客对他的印象。

这是极简单却非常有效的方式，不浪费时间，自己吃饭也需要时间。另外在饭局上人的情绪大都会非常好，更容易结成深厚的友谊。拜访10位客户需要花费许多时间，可是运用饭局拜访客户，在还没展开正式工作之前，就已经见了10位客户了。大部分像这样的吃饭机会，都可以进一步加强与客户现有的关系，或是得到某种很有价值的回报。

美国汽车推销大王乔·吉拉德有一个著名的250定律，他通过细心的观察，发现每一个人的生活圈子里都有一些比较亲近、关系比较密切的熟人与朋友，而这些熟人与朋友的数字大约都是250人。

所以，人与人之间的联络是以一种几何级数来扩散的。而对于企业来说，这250人正是客户网的基础，是企业的财富。

一位在房地产公司做文秘的秘书小姐，她的工作可使她有机会接触各行业的人士，而这些人士大都有一定的地位与收入。秘书小姐将这些人士整理成一份详细的网络表，并按行业、性别、职务做类别划分，这样日积

月累，一目了然。

然后她发觉许多直销货品可以进行推销，于是便在工作之余按图索骥，利用自己的网络展开直销货品的推销，居然大获其利。有的直销公司还向她购买她的客户网通信资料。

然而，并不是每个企业都能清楚地告诉它的销售人员，如何开发客户，找到需要自己产品和服务的人的。那么，如何建立起一张良好的客户网呢？

1. 将客户组织化

可利用1天的时间，将所有客户集合组织起来，举办一些参观名胜古迹、搭车游览、看戏、听演讲等活动，借此机会，还可以出动公司里的高级干部和客户联络感情。这样，将有助于客户对公司形象的塑造，使公司形象成为他们津津乐道的事，从而吸引更多的客户。

此后，还可重复举办这种集体化的活动，甚至，可借此成立某某会、某某团，使客户成为该团的成员，公司则以贵宾之礼相待之。

但需要注意的是选出一些重要的客户，引进贵宾服务的项目。客户们受到了特殊礼遇，就会产生感恩图报的心理，从而更忠实于企业，甚至帮你去开发新客户。

2. 与客户成为知心朋友

如果我们与客户成了知心朋友，那么他将会对你无所顾忌地高谈阔论。这种高谈阔论中，有他的忧郁，有他的失落，同时也有他的高兴，这时你都应当和他一起分担。他可能会和你一起谈他的朋友、他的客户，甚至让你去找他们或者帮你电话预约，这样你将又有新的客户出现。同时，当你在和他谈不高兴的事时，特别是工作上的困难时，他很可能会主动地帮助你，介绍新的客户与你认识或者帮你直接把生意做成，使之成为你永

久性的客户。

3. 客户网要经常更新血液

客户网是经常变化的，所以必须不断更新，使这一网络始终保持一定的张力，这就需要我们做出合理的取舍。比如有两个客户，甲客户的订货量大，而且与你的关系极深，但却由于其管理不善，而且又不听你对管理上的建议，致使效益不断下滑。而乙客户的订货量较小，与你的关系不是很深，但其管理者很有经验，而且很乐于接受同行的好意见。当你的货源不能同时满足两家时，你就应当做出取舍了。如果取甲，短期内可能有利可图，但到一定时候，他终会由于经营不善而不能支付你的货款，到时你将会失去两个客户。如果取乙，短期内觉得收益甚微，但到其壮大以及甲破产时，其优势就明显了。

在做合理取舍的同时，我们必须不断地补充进更加新鲜的血液，在已有的客户中挖掘客户，在挖掘出的客户中再挖掘客户，这是所有营销高手都具备的，同时也是其感受最深的。在这一过程中，你必须要善于抓住有挖掘潜力的客户，要善于抓住客户中的权威者。

作为领导者，当你一旦建立起一个良好的客户网，并能驾驭这张网良性运作时，你就会发现自己的渠道是多么的畅通，自己的企业在不断地获取利润。

协调好与供应商、经销商的关系

现代企业经营需要企业与供应商之间建立一种互惠互利、密切合作的关系。企业与供应商的关系，主要是依靠采购人员来维持。

现代工业生产日益复杂，社会分工越来越专业化，企业欲维持正常生产，不断地获利，就必须依靠供应商提供原料、零部件、设备及能源等。供应商还可以为企业提供有关市场、原料、商品、价格、消费趋势，以及商品动态的一系列宝贵信息。与供应商维持良好的关系，是提高企业利润的重要手段之一。

1998 年 3 月，乍暖还寒的季节，济南商界被一颗重磅炸弹掀起了一阵轩然大波：七家大商场联合拒售长虹彩电！

事出何因？经销商和厂商各有各的说法。经销商说："长虹产品质量差，售后服务跟不上，严重地影响和拖累了商场的声誉和收益。"长虹说："我们产品的质量和服务均是全国一流的，产品市场占有率高达 55%，明年可达 45%。"

事实真相是什么呢？业内人士称，真正起因是长虹对济南地区的各个经销商"政策"不同，其销售政策使这七家商场只能享受到微利。经销商与长虹交涉未果，于是就出现了这一"串通"行为。

尽管长虹及时采取了应对措施，但其品牌受到了严重损伤：很多消费者听信了经销商关于"事实真相"的说法，不去购买长虹彩电，这种情况持续了一个多月。

这一案例将给其他企业以哪些启示呢？长虹与济南七家经销商的以上纷争，在销售活动中并不罕见。①伴随着经销商地位的上升，厂商在与之合作的同时，矛盾也随之而来。双方都有一肚子怨气，遇到事儿，互相指责，都能找到一大堆对方的"不是"。②厂商当然希望能够在渠道中控制经销商，但怎样控制才是合理的，才不会导致经销商的反感甚至于采取"反控制"的举动？这绝对是一门高超的艺术。

长虹事件无疑是"商场如战场"这一箴言的很好佐证。在竞争日益激

烈的买方市场上，厂家如何处理其与经销商以及消费者之间的关系应该引起管理者的警觉和深思。那么，如何协调好企业与供应商、经销商的关系呢？

1. 重视采购人员的训练

现代企业经营需要企业与供应商之间建立一种互惠互利、密切合作的关系。企业与供应商的关系，主要是依靠采购人员来维持。因此，公共关系部门需要特别重视训练采购人员，通过他们去建立良好的供应商关系。

2. 积极推进企业与供应商之间的信息交流

企业与供应商之间的信息交流方式包括：私人访问、举行招待会、接待采访、举行座谈会、招待供应商来厂参观等，还可以利用印刷及视听交流工具，如业务刊物、广告、年度报告、函件以及各种有关企业政策、组织、人事、规章等内容的小册子，用以增进双方的了解与合作。显然，企业的上方是供应商，下方就是经销商了，两者缺一不可。

3. 与经销商维持良好的关系

经销商肩负着产品销售的重任，因此，企业与经销商之间必须开诚布公、友好合作。良好的经销商关系，不仅有助于企业与经销商的合作，还可以促使经销商积极宣传、维护企业的声誉。当然，企业的产品质量优良、价格低廉、设计新颖、适销对路，并且供货迅速，才是与经销商维持良好关系的根本保证。

4. 为经销商提供服务

企业要想与经销商协调好关系，还应该尽力为经销商提供各种便利和服务，如技术服务，定期为经销商举办产品使用、维修技术训练班，使他们了解产品性能；销售服务，帮助经销商改进经销方法；管理服务，协助经销商建立或改建商店、仓库，以及改进送货方法等。

此外，协调好企业与经销商关系，更多地应依赖于双方的信息交流，企业要及时向经销商阐明本企业的基本经营情况及产品性能，使之了解企业的生产能力和潜力，做到胸中有数，敢于大胆经销企业产品。企业也要经常征询经销商对产品性能、价格、销路等方面的意见，通过接触增进感情交流，建立起双方良好的合作关系，从而推动产品的销售。

第十一章

财务管理：向管理要利润要注重财务问题

利润落到实处就是钱，就是财务，就是对企业资金的一种控制与管理。做好财务管理，就能砍掉一些不必要的成本，防止资产、资金的流逝和浪费，让每一分钱都产生价值，产生最大的价值。

防止无形资产的流失

如果对自身的有形、无形资产有正确的认识，从而采取得力的保护措施，就可以减少不必要的损失，为企业创造丰厚的利润。

许多年来，在资产观念问题上，许多人长期陷入旧模式之中，以致形成了“有形资产才是全部资产”的错误认识，而且这种认识根深蒂固，从而忽视了无形资产作为资产的价值或使用价值而存在的客观实在性，结果导致忽视了对无形资产的评估，使大量无形资产在可悲的“无知”中悄然流失。

1. 观念落后的主要表现

（1）商标意识淡薄。

这主要表现在：第一，大量商品没有注册商标。第二，没有依法及时办理商标注册登记手续，被别人、特别是外国人乘虚而入抢先登记注册，从而造成无法挽回的重大损失。

（2）技术保密意识淡薄。

有的企业由于保密制度不健全，涉密人员的法制观念、保密观念不强、职业道德不良，使本企业的科研成果、专利技术和商业情报泄密或失窃，给单位乃至国家带来了重大经济损失。

（3）广告意识落后。

这表现在：第一，缺乏全新的广告意识。第二，资金投入不足。我国企业知道要做广告，但却舍不得花钱，这样便难以制作出优秀的广告，也难以达到广告的目的。所以，国人只看到“洋广告”成群结队地打进来，却极少看到中国企业的广告走出国门，远征国外，与之抗衡。没有强有力的广告，企业及其产品就没有知名度。别人不知你是东方的“西施”，你也只好望“洋”兴叹。

（4）专利意识淡薄。

这主要表现在两方面：一方面是一些企业或科研机构没有将自己的发明、设计等申请专利，致使市场被人分割、侵占；另一方面是一些企业假冒专利，随意生产和销售别人已获专利的产品，造成侵权。

安徽的万燕公司因忽视专利权，导致无形资产流失，给我们留下了深刻的教训。

中国的第一台VCD机出自万燕之手，世界上第一台家用VCD机也诞生于万燕。万燕让老百姓认识了VCD，并开创了中国的VCD行业的新时代。因此，VCD的同行们送给万燕一个当之无愧的荣誉——“开国元勋”。但时至今日，万燕却像一个疲惫不堪的老牛，倒在自己辛勤开垦的沃土上，其市场份额从100%跌到2%，于是同行们又送给万燕一个颇为悲壮的称号——“革命先烈”。

这一切是为什么呢？

因为万燕发明了世界上第一台家用VCD，却没有申请专利，取得法律保护，来独占这个巨大的国内外市场。正因为没有申请专利，没有获得法律保护，他们费尽心血生产出来的第一批100台VCD机，刚上市便被同行买来进行解剖仿制。很快，别家的新产品便随之推向了市场，而且价格便宜了许多，万燕一开始就没有在市场上站稳脚跟。后来，在没有专利保护的情况下，众厂家纷纷上马VCD，国内共有600多家企业瓜分了庞大的VCD市场，万燕从此便在市场上悄无声息了。

当然，同样的例子还有很多很多，可以想象有多少无形资产就这样悄悄溜走，如果对自身的有形、无形资产有正确的认识，从而采取得力的保

护措施，就可以减少不必要的损失，为企业创造丰厚的利润。

2. 企业管理者防止无形资产流失的方法

（1）强化无形资产管理意识。

企业及有关部门有必要转变观念，对专利管理、商标管理、企业形象、名牌战略等无形资产在企业经营管理上的重要作用提高认识。

（2）增强法律意识。

企业要充分认识到法律是维护企业权利的有效途径，注重用法律武器来保护企业无形资产不受侵犯。增强法律意识，依法保护无形资产，加强对知识产权类无形资产的权益管理。

（3）强调品牌价值管理。

企业必须注重员工综合素质的提高，管理者应将品牌意识灌输到每位员工思想中。企业还应不断地引进高新技术人才，增加产品科研经费的比重，创立特有技术，使企业产品更具竞争力，稳步扩大市场份额。

（4）设置相关机构。

据调查，现在的企业通常都有专门的固定资产和存货等有形资产负责人，然而对无形资产却未设置专门机构负责。只在企业形象遭到破坏，权利受到损害或企业产权发生变换时，临时指定专人负责管理。因此，当前应建立专门的无形资产综合管理机构，统一规划，建立起无形资产网络管理系统。

（5）加强对人才资源管理。

在人才聘用时，通过合同中签订保护无形资产的条款，明确责任：参与科研的技术骨干和有关人员要在科技成果开发记录上签字并归档保管。在人员调离时除要将保管和使用的无形资产资料交接外，还要做出不侵犯原单位无形资产的承诺。每个员工与单位应签订无形资产保护协议，防止因人才流动所造成的无形资产流失。

节约，砍掉不必要的成本

节约是企业中最容易创造利润的方式之一，也是一家企业活下去的一大根本。向“节流”要利润，任何时候都是简单有效的经营法则。

每天，当太阳升起来的时候，非洲大草原上的动物们就开始练习奔跑了。这是它们生存的必需。

狮子妈妈在教育自己的孩子：“孩子，你必须跑得快一点，再快一点，你要是跑不过最慢的羚羊，你就会被活活地饿死！”

在另外一个场地上，羚羊妈妈也在教育自己的孩子：“孩子，你必须跑得快一点，再快一点，如果你不能比跑得最快的狮子还要快，那你就肯定会被它们吃掉！”

你跑得快，别人跑得更快！

在森林中，是狮子和羚羊在赛跑；在商场，是你和你的收入、成本在赛跑。要做那只跑得最快的羚羊，你就要做到成本最低。你跑赢成本了，你就生存下来了，就有利润了。

如今，市场竞争越来越激烈，企业的利润也越来越薄。无论是传统产业，还是高科技产业，生意都越来越难做，这是绝大多数企业的共同感受。身处微利时代，企业要获取利润，除了赚钱的思路和观念需要及时进行调整、更新外，砍掉不必要的成本也是一种重要的方法。世界船王、著名商人包玉刚曾经有一句名言，他说：“在经营中，每节约一分钱，就会

使利润增加一分，节约与利润是成正比的。”换言之，成本降低10%，就等于利润增加了20%。

以奥康皮鞋为例。一双皮鞋生产出来需要经过50多道工序，只要每道工序稍加留心少浪费2分钱，一双鞋生产下来就可以节约1块多钱，从而使奥康每年能轻松增加1500万元的利润。所以，奥康一直在大力推行“精益生产”，节约成本优势。

节约是企业中最容易创造利润的方式之一，也是一家企业活下去的一大根本。向“节流”要利润，任何时候都是简单有效的经营法则。想让企业创造丰厚的利润，节约，砍掉不必要的成本是第一步。

从开米店到造就台塑现在的辉煌，王永庆始终将“低成本，高利润”作为经营台塑的六字方针。他曾经在公开演讲中多次强调，经营企业必须牢记“物美价廉”这四个字。产品的价格要低廉，就必须要降低成本，而降低成本正是王永庆的看家本领。

1982年，王永庆以1950万美元买下美国JM塑胶管公司。该公司在全美设有八个PVC下游工厂。当时由于经营不善，JM塑胶管公司一年要亏损1400万美元。

王永庆接手之后，立刻运用台塑模式的管理方法对公司加以整顿，努力降低成本，提高生产效率。到1984年，公司扭亏为盈，创造利润600万美元。

这家公司下属八个工厂原来要雇用1200多人，到1984年10月已减至800多人，而产量方面却增加了50%。台塑接管这家公司时，每个生产工人的平均产量是12吨，到1984年年底则增加到30吨。仅仅两年的时间，生产量提高了2.5倍，真是一个奇迹。

王永庆降低成本几乎达到了“绝无下限”的地步，这一点让他的竞争对手甚至合作伙伴都感到头疼。

1981年，王永庆为了节省PVC原料的运费，决定成立一支船队直接从美国和加拿大运回PVC原料二氯乙烷（EDC），所以需要采购一批化学运输船。

章永宁是当时中船公司的董事长，他意识到如果能够争取到国际闻名的台塑的订单，那就证明中船具有承造要求极其严格的化学船的能力。于是，章永宁与其他九家知名的造船公司展开了激烈的竞争。在十家公司竞标时，中船并非最低标价，但是在议价时，中船为了取得订单，一再忍痛降价。双方讨价还价，眼看就要成交，最后王永庆希望中船能将价格的零头——50万美元去掉。

章永宁听后欲哭无泪，中船经过几个月的千辛万苦，价格已经到了赔本的地步，王永庆还要压价，于是他悲愤交加地说："王董事长，我们还是好朋友，这笔生意我不做了。"没想到王永庆感动之余，还是把造船的订单下给了中船。

台塑船队开航之后，原来每吨100美元的运费，很快降到40美元左右。如果一年以运20万吨计算，等于节省了1200万美元，大约是一艘化学船造价的2/3。由于船期与运费都很稳定，台塑从此不再为原料担心。

对于降低成本，许多人认为王永庆一味追求利润，唯利是图。事实上，王永庆努力追求的是生产的合理化，努力发掘资源的价值，尽可能减少无谓的浪费，砍掉成本，一切唯利润是图。

无论是金融危机之下，还是在经济繁荣之时，砍掉成本都是企业生存和发展的基本原则，是企业获利的基本保证。

制订良好的财务计划

> 只有制订好财务计划，领导者才能及时了解资金运用情况，才能采取各种措施来盘活资金，以达到更高的资金投资收益率。一个企业如果没有财务计划，生命肯定不会长久。

财务管理是企业管理的重要组成部分，贯穿于企业管理的全过程。先进的财务管理能够促进企业的健康发展，提高企业的竞争能力，防止企业出现亏损。

当公司发展、利润增加时，成功的管理者周围的一切都在不断变化之中，这些变化使管理者面对很多终将对公司财政情况产生不良影响的未知数。面对这些变化做出有效的防范，必须理解财务计划，并且很好地加以运用。

多数公司的管理者直到发生严重问题以前，很少过问其财务活动。尤其重要的是，企业管理者不愿或者不理解公司各方面的财务活动。因而，在很多公司中，用于讨论制订财务计划的时间可能每月只有一个晚上。

为了制订一个简便可行的财务计划，管理者必须在顾问的帮助下，开发和运用前面讨论过的那些财务手段。他必须掌握每月或每季的损益表和资产负债表。这些报表应归档，至少保存 5 年。这样，领导者能考察以前的实绩记载。在考察这些报表时，公司管理者应该做些笔记，以评判公司实际的好坏。领导者应将这些笔记与报表一起保存，以备考察之用。

一旦占有了一段时期内的财会资料，领导者就有了制订财务计划的基点。他们能了解、扩大销售量、开发新产品、增加促销费用和广告、添置设备、不动产交易、新的信用方针、新定价方案、新的存货方案等这一类项目对损益表、资产负债表和现金流转报表对财务效果的影响。粗略地估算几个财务数字以及反映新方案对公司未来的损益表、资产负债表和现金流转报表的影响，并不是十分困难的。即使是粗略的数据，也能迅速说明公司可能的盈亏及其产生的财务问题。

领导者应该制订一个财务计划。这个计划规定什么样的销售和毛利水平，可能增加的间接费用；什么样的销售和毛利水平，他必须减少开支。只有这样，他才能清楚地知道，应采取什么策略去保持公司的成功运转，应采取什么策略来盘活资金。

多少年来，布鲁斯·金把公司弄得一团糟。他直接管理他的内外销售力量、仓库和办公室。布鲁斯雇用的每个人都必须工作很长一段时间才能适应他建立的工作模式。公司每年用于投资的资金很少。布鲁斯已拥有40万美元的资本净值。过去两年里，布鲁斯取走工资4.2万美元，税后利润仅剩下2.3万美元和1.95万美元。布鲁斯发现自己资金短缺。

布鲁斯终于与会计师和银行家讨论了他的问题。这两个人都说他们对公司不甚了解，因为布鲁斯从来未与他们交换过意见。尽管公司过去成功了，但它似乎沿着一条前景未卜的路线踉跄前进。

银行家和会计师认为：过去4年布鲁斯的投资收益率非常低，存货太多，很多都是过量储存或过时的存货。

由于“超过90天”的过期账太多，应收账款占用了大量资金；新建建筑物由于太大和选址不当而造价昂贵；虽然营业费用低，但毛利4年来一直下降，一些产品系列的毛利水平很低；得到的购置贴现太低，因为布鲁斯·金没有借必要的资金（其实是很容易做到的），他也没有指示记账员接受所有的购置贴现。

事实上，布鲁斯·金已不能适当地管理其公司的财务。虽然他的间接费用很低。但毛利仍被迫下降，因为竞争增加，而且没有制定新产品战

略。在顾问们的帮助下，布鲁斯·金计划雇请销售管理者；指导公司内外的销售工作。这样，他得以解脱出来寻找可经营的新产品系列、减少现时存货以及更迅速地收回在外应收账款。

由于没有制订财务计划，布鲁斯·金付出了极大的代价。没有盘活资金，致使投资收益率下降。只有制订好财务计划，小公司的总经理才能及时了解资金运用情况，才能采取各种措施来盘活资金，以达到更高的资金投资收益率。

因此，只有制订好财务计划，领导者才能及时了解资金运用情况，才能采取各种措施来盘活资金，以达到更高的资金投资收益率。一个企业如果没有财务计划，生命肯定不会长久。

成本控制应从细节抓起

通过成本控制获得巨大成功的企业，无一不是得益于对于细节的关注和追求，把成本管理工作的每一个环节都进行细节处理。

一家企业赢得利润的途径说到底其实就两条：一条是多进，一条是少出。前者是以产品的多售出为前提条件，而后者则是以控制成本来实现。在控制成本方面，公司就必须从细节抓起，对于每一项开支都要斤斤计较。因此，只有让每一分钱都物尽所值，公司才能实现利润的最大化。

沃尔玛成功的秘密是什么？分析师和沃尔玛员工一致认为，最大的关键在于注重每一个细节，降低营业成本。

在沃尔玛没有能浪费的纸张。他们从来不用专门的复印纸，需要复印的话，就用废报告的背面。打印纸也是一样，除非非常重要的文件，否则一律用纸的背面。员工随身携带的工作笔记本也都是废报告纸裁成的。沃尔玛在中国的内部管理口号之一是实现无纸办公，就是说单凭先进的电脑系统就可以管理整个商店，不需要额外投入任何成本。不仅如此，沃尔玛还注重节省办公空间，在沃尔玛，办公室的面积都十分狭小，开会总是站着开。在他们的工作站，往往是一功多能：它是经理和主管处理文字的地方，也是所有人到系统里查看数据、打印的地方，同时也是摆放商品的地方，还是召开部门会议和人力资源进行培训的培训室。

在节约人力上，沃尔玛也有自己的一套方法。沃尔玛从不轻易增加人手，而是对所有员工——包括经理阶层和行政人员，进行诸如收银、理货等培训。当节假日业务繁忙的时候，沃尔玛从总监、部门经理及主管，到办公室秘书都上岗到一线，去做收银员、搬运工、上货员、迎宾员，等等。

节约人手就是节约成本，节约的目的就是为顾客省钱，使消费者可以以更低的价格买到更好的东西。要降低成本，最简单的方法莫过于从自己身上揩油。在中国，沃尔玛的很多店为员工准备了免费的纯净水，但不可能准备纸杯。为员工配的电话是投币电话。有专供员工用的洗手间，但不配卷纸和香皂，用的清洁物品是本店滞销的洗手液。另外，任何一家中国的沃尔玛店都没有专门的翻译人员。沃尔玛只在建店之前为美国专家配备临时翻译，用完就走了，平时都是秘书兼翻译工作。当外籍高层前来视察的时候，往往就由陪同的相关部门的中国总监担任翻译，有时甚至就是中国区副总裁本人。

正所谓“不择小流方以成大海，不拒抔土方以成高山”。由此可见，通过成本控制获得巨大成功的企业，无一不是得益于对于细节的关注和追求，把成本管理工作的每一个环节都进行细节处理。

美国思科公司是赫赫有名的IT企业，年营业额近200亿美元，虽然受IT行业整体不景气的影响，2004年全年赢利仍高达19亿美元，现金还有200多亿美元，可以说是财大气粗。

可思科的节约却到了近乎“抠门”的程度，思科新闻发言人让·皮维姗说，提倡节约已经成为思科的企业文化，公司自诞生起就在不断强化这种理念。公司董事长约翰·摩格里奇的格言就是：“花思科的钱，要像花自己的钱!”

在思科，节约几乎体现在日常生活的每一个细枝末节上。思科总部的自助餐厅和员工休息室的墙上，到处都张贴着名目繁多的“省钱技巧”。比如，乘坐协议公司的航班，每张机票平均节省100美元；把会议地点定在思科会议中心，比在酒店便宜等。

思科总部的办公楼、实验楼有好几十座，而公司领导却只占据一座中一层的一隅。从总裁钱伯斯算起，所有高层都只有一间背阴的小办公室，外带一间能放几把椅子的小会议室。

思科把世界各国的行业、金融分析师们请来，介绍公司的发展战略，参观各类新产品，公司领导悉数出动，技术人员热心讲解，但对这些能够影响公司股票升降的参观者，思科提供的午餐简单得惊人，只是盒饭——三明治两片、苹果一个、巧克力和点心各一块。

为了避免浪费，包括钱伯斯在内的思科所有员工，出差都要遵循统一标准，只能坐经济舱，住低价酒店，如果要升舱和住好一些的酒店，电脑会自动将超标部分从工资中扣除。

在员工休息室里，赫然张贴着这样的告示：每人每天少喝一瓶冷饮料，公司一年便可节约240万美元。有的员工于是替领导“分忧”，在留言板上写下大字：“请喝自来水!”不过，虽然有“请喝自来水”之类的调侃，但思科员工对于“勤俭持家”还是很重视的。一年时间，思科通过各种手段降低的开支高达19.4亿美元。因为公司对思科员工来说确实是

“家”，思科的3万多名员工，个个都有公司股份，公司“抠”出效益，大家都会受益。有此利益为纽带，自然会令行禁止。

财大气粗的思科正是在一些细节上做到节约每一分钱，并以这种节约精神推动着公司一步步向前发展。因此，低成本绝不应该忽视对细节的处理。只有细分每一个成本环节，并关注于每一个细节，降低成本才能产生实实在在的效果，给企业带来丰厚的利润。

有很多企业一直都在讲节约成本，可到头来，好像并没有降低多少。原因在于，这些企业总认为节省这一点儿不会改变什么。可事实上，正是这点点滴滴、一分一分才构成了企业降低成本的基础。

树立现代资本运营理念

一个规模不大、实力有限的企业本来资金就不宽裕，所以要想生存下去，就更应该保护好自己宝贵的血液，重视资金的调节和运用。

良好的资金运营对任何企业都很重要，私营企业更应该引起重视。时下私营企业的通病是：缺乏现代资本运营理念和技术。他们一般习惯于滚雪球式的自我积累，赚点钱就投入，再赚钱再投入。当面临较大较复杂的投资时，对现代企业资本运营方式的不熟悉必然引发财务危机的出现。

许多私营企业不重视资金的运营，常会出现下列一些病症：现金管理混乱；不重视资金的时间价值；资金不能有效利用；库存和应收账款太多。

企业一旦发生以上这些病症，就表明它的资金管理水平很低，很可能面临财务风险。

巨人集团由于发展过快，对企业资产疏于管理，以至于出现了财务危机。这一点在其子公司康元公司身上体现得最为明显。

康元公司在1993年公司成立之初，承担了“脑黄金”的生产和销售，为集团公司立下了汗马功劳。然而没多久，康元公司便暴露出了许多问题。由于康元公司财务管理非常混乱，集团公司也未派出财务总监对其进行监督，导致公司浪费严重，债台高筑。至1996年年底，康元公司累计债务已达1个亿，扣除债权仍有5000万元债务，其中大量债务存在水分，相当一部分是由公司内部人员侵吞造成的，公司的资产大量流失。类似的情况在集团公司下属各公司内普遍存在，但却并未引起重视，也没有采取有效的措施加以控制。这样一来，便使集团无法对巨人大厦的投资作出正确的财务分析与评估。“巨人集团以前从没和银行打过交道，除了存点钱和资金走账之外，与银行基本没有信贷关系。”危机出现后，巨人集团四处求贷，然而由于平时缺少这方面的联系，最终将价值2个亿的大厦全抵押后才得到350万元3个月的短期贷款。公司曾向四方求援：如果再有1000万元资金，大厦就可开工，难关就会渡过。然而1000万元哪里去找？这真是一分钱难倒英雄汉，5个亿的“巨人”被1000万元逼上了梁山。

“巨人危机”爆发后，在全国引起了轩然大波。人民银行马上派了一个工作组到珠海调查，看银行到底损失了多少钱，但检查结果让人大吃一惊——巨人集团没向银行贷一分钱！

到1996年年底，巨人大厦修建所用的1.6亿元资金，都是靠公司自有资金和卖楼花所得收入提供的，公司没有向银行申请过任何贷款。看上去巨人集团似乎很老实，自己硬化了对自己的约束，给国家没有造成丝毫损失。

总的来说，巨人集团缺乏的就是一种现代企业资本运营的理念和技术。企业的现金就如同人体中的血液一般。对于企业这个机体的正常运转具有重要意义。而一个规模不大、实力有限的企业本来资金就不宽裕，所以要想生存下去，就更应该保护好自己宝贵的血液，重视资金的调节和运用。

一般来说，企业在现金管理上常常会出现以下一些问题。

1. 个人现金支出与公司现金混杂，难以分清彼此

由于私营企业经营者往往又是所有者，视企业为自己的家，自己的钱柜。特别是有些家族企业，有的家庭成员缺钱花时，就十分自然地到收银台或出纳那里拿钱，而他可能只是想购置一件私人物品。

2. 用企业收到的现金来支付费用

私营企业往往有一种常见现象，每日上门催款要债的络绎不绝。在处理这种事务时，老板们常常会被逼不过，从当日收入中拿出一笔钱直接打发了催款人。

3. 赊销造成周转不畅

私营企业在剧烈的竞争中，往往会担心自己产品的销路出现问题，于是为了照顾老客户，明知赊销商品会造成货款拖欠，还是接受了这笔交易。结果是，应收账款收不回来，使原本就本小利薄的企业如雪上加霜，难以支撑。

4. 重储存，轻投人

许多私营企业老板喜欢依靠自己的力量积累资金，再图发展，这种滚雪球式的发展是比较稳妥，但发展实在太缓慢，企业难成大气候。

保持手头现金，做到有备无患

一个企业如果没有现金，很多事情都没法顺利进行下去，从而使企业运营陷入到被动之中。如果现金流顺畅，资金链牢固，企业就能很好地发展，更稳健地创造利润。

企业要生存和发展，必须能够持续地创造利润；要创造利润，就必须拥有正常的现金流运转。事实上，绝大多数经营过企业的人都明白这样的道理——流动的钱才能生出更多的钱。一个企业如果没有现金，很多事情都没法顺利进行下去，从而使企业运营陷入到被动之中。如果现金流顺畅，资金链牢固，企业就能很好地发展，更稳健地创造利润。

著名的奥斯伯乐公司就是因现金风险导致破产的一个典型例子。

1970 年，亚当·奥斯伯乐开办了自己的计算机咨询公司。20 世纪 70 年代中期，个人计算机市场突然兴旺起来。亚当也脱颖而出，成为一名出色的咨询专家，并且一度成为计算机行业杂志封面的常客。亚当完全掌握了计算机市场的发展，只是，对个人计算机生产商的价格政策不满，认为他们只知道对每件新产品提高价格，而完全忽视了市场的实际承受能力。

1981 年年初，亚当·奥斯伯乐决定把自己的设想付诸实践，他宣布将制造一种价格明显低于市场平均价格的个人计算机，这引起了众多嘲讽和怀疑。他的第一批产品计划在当年 7 月上市。

奥斯伯乐雇用了李·费尔森施泰因，让他设计出了一种高级的便携式计算机。它重量较轻，而且便于携带，可以装入公文箱，还可以安放在飞机座椅之下，这是第一种便携式商用计算机，比其他的便携式计算机先进许多。

为了削减软件的成本，奥斯伯乐不同于其他生产商，他完全依赖于独立的、用流行语言编写程序的软件公司。为了进一步降低成本，奥斯伯乐还将一部分产权分给软件供应商。这样，奥斯伯乐将价值1500美元的软件费用到1795美元的整体价格中去了。

1983年，大约4750家零售点里摆上了奥斯伯乐的便携式产品，包括计算机世界销售网、施乐的商店、西尔斯的商业中心以及其他综合商店等。1983年年初，公司增加了150个办公室自动设备销售商，以面向小型或中型客户。

由于奥斯伯乐公司规模不断增大，雇员已超过800人，为了保证公司的领先地位和80%～90%的市场占有率，公司雇用了原统一食品公司的董事长罗伯特·约尼克出任公司的董事长兼总经理，奥斯伯乐则出任主席。

由于竞争者们开始进入便携式计算机市场，推出了许多比奥斯伯乐价格更低、更先进的计算机，奥斯伯乐便决定增加产品品种。公司设计了价格低于奥斯伯乐一号的型号——经理一号。“经理一号”开始上市，同时计划当年夏天推出“经理二号”，这两种型号的屏幕和存储量都比奥斯伯乐一号大。“经理一号”总价值2495美元，其中软件价格2000美元，包括文字编辑、数据程序。“经理二号”售价3195美元，奥斯伯乐公司称这种计算机可同IBM公司销售看好的IBM—PC机相匹敌。

1982年，奥斯伯乐公司共花费了350万美元广告费，其中杂志广告费用为150万美元，电视广告费用为50万美元，其他商业出版物广告费用为150万美元。为了突出产品形象，公司计划进行更多的广告宣传。销售力量也根据公司当时的发展状况有所增加，原来由8人组成的销售部门扩大到30～40人，从而强化了产品销售。

奥斯伯乐公司的前途似乎是无可限量的。但是，仅仅在几个月后，不祥的预兆就到来了。1983年3月26日，亚当·奥斯伯乐在参加科罗拉多

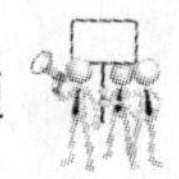

的一个讨论会时接到一个电话，向他报告说：“在本周末我们出现了亏损。”这一坏消息让奥斯伯乐难以置信。

3月底，2月的结果终于出来了，果然，不但没有达到预期的利润值，公司反而亏损了60多万元，这主要是由于新增了设备以及进行了大量广告投资。3月尽管销售额有1亿多美元，但这一月公司共亏损了150万美元。

更坏的消息还在后面。由于过多的库存积压、不利的软件合同以及大量的债务，4月24日新的预算结果表明本季度财政损失达500万美元，全年达800万美元，这天约尼克不得不决定取消股票的上市。随后，每份报告都表明形势更加恶化。最后一份报告指出全年将亏损1200万美元。

以前，奥斯伯乐公司要寻找金融投资家并不困难。事实上，那些投资家是争着要为公司投资的。公司的利润减少之后，资金也开始短缺。只有少数几个投资者对奥斯伯乐还抱有希望，公司在6月筹集到1000多万美元资金，但是却再也无法找到另外2000万美元来完成公司认为非常有竞争力的产品的设计与生产。

奥斯伯乐公司为了节省资金只好不断解雇员工。到了9月16日，这出戏实在难以演下去了，最后只好按《破产法》第十一章登记，以免受债权人的起诉。

尽管人们早已知晓奥斯伯乐公司的利润不佳，急需资金，但它临近倒闭的消息还是惊动了整个计算机行业。在6月的订货泡汤以后，奥斯伯乐公司开始四处忙于贷款，但是，此时的投资者都远远躲开了这个失败者。奥斯伯乐公司终于被现金风险击倒了。

“流动的钱才能生出更多的钱”。现金是企业的生命线，企业手头可供随时支配的货币和活期存款能否为生产经营提供足够的现金，对企业是生死攸关的大事。

在经营过程中，领导者常常只对公司的主要财务指标如资产负债率、净资产收益率等感兴趣，忽视了指标掩盖下的问题；过分注意利润和销售的增长，而忽视手中掌握的现金。固定资产投资过多，使公司的变现能力降低，导致资金沉淀；公司规模盲目扩张，缺乏相应的短、中、长期计划，都会导致公司发展的失败。因此，公司在超速发展过程中必须十分注意防范现金风险。

一般来说，企业现金风险包括以下几方面：片面重视利润和销售的增长，忽视手头可以使用的现金；原材料库存占用资金过多，债务额增长过快；资金被过多的固定资产投资所冻结；急于求成，盲目扩张而不考虑时机和资金能力。

企业防范风险，保持手头现金主要应从加强管理、预先防范上下功夫，具体来说可采用以下措施。

（1）在原材料供应淡季，争取从供方以打折后的价格进货。

（2）采取有效措施，控制和回收应收账款。

（3）增添土地、建筑物和生产设备等固定资产时尽量用租赁方式，减少现金支出。

（4）由其他专业化企业提供配套产品和后勤服务（例如设备维护等），不要“万事不求人”，搞“小而全”。

（5）严格控制原材料和成品的库存量，避免超额储备。

（6）不将现金冻结在对近期利润增长没有多大作用的大额订单上。

（7）减少微利产品的产量，控制对降低成本没有多大作用的订单数量。

（8）预先准备好企业技术改造所需资金，以免临时挪用流动资金，影响正常生产。

第十二章

注重创新：向管理要利润需营造创新的氛围

现今的企业的竞争，实质上就是创新能力的竞争。海尔集团的董事长张瑞敏就说过，海尔之所以不断获利，成长的最核心的资本就是在于创新能力。由此可见，对于创新能力的管理，是任何一个企业的领导管理者最不能忽略的。

创新，是企业获取利润的新高点

> 没有开拓创新能力，就只能因循守旧、墨守成规，企业就自然没有起色。有了不断进取的创新能力、永不衰竭的进取心，任何艰难困苦都阻挡不了前进的步伐，企业自然就会不断获得利润。

爱因斯坦说过："想象力比知识更重要。"所谓创新或具有想象力，并不仅仅是设想出一件新产品或新的服务项目、一种经商的新窍门儿或者对传统方法的更新。创新是指用一种不同的方法表达自己的意思，用一种新方法处理老问题，用不同的姿势、服装或出差模式规范自己。

不断进取的创新开拓能力，是管理者应该具备的能力之一。没有开拓创新能力，就只能因循守旧、墨守成规，企业就自然没有起色。有了不断进取的创新能力、永不衰竭的进取心，任何艰难困苦都阻挡不了前进的步伐，企业自然就会不断获得利润。

没有创新的企业是无法生存的，这话谁都明白。然而，让一些管理者接受某种新思维、新的管理模式却不是一件容易的事。他们会说"我们以前从没有这样做过。"过去没有做过，不等于现在不能做。管理者是创新的核心，没有创新，也就没有实力。

"柯达"这个牌子是世界各地人人皆知的品牌，曾称雄于世界摄影器材市场100多年。它的年销售额达到200亿美元，已经形成一个强大的"柯达王国"。但曾几何时，柯达公司曾陷入困境，并步履维艰，日呈名落孙山之势。后起之秀的出现，对柯达形成了强大冲击波，而此时，他们并没有能够充分认识到公司所面临的危机，不重视用最新科学技术来不断完善和发展自己的产品，而是陶醉在往日巨大成功所带来的喜悦中。在20世纪六七十年代近20年的较量中，柯达屡处下风，这个风靡全球的名牌企业不得不裁员4500人，并被迫让出很大一部分市场，以缓解其入不敷出的局面。

柯达公司陷入困境的原因，无非是管理者们满足于已经取得的成就，而忽视了产品的创新，没有继续运用新技术不断开发新产品，开拓新市场，以致企业失去了活力，使竞争对手超过了自己。柯达的兴衰历史对于今天处在竞争中的每一个企业来说，都有现实的借鉴意义。

综观那些成功的企业，它们之所以成功，很大程度上与这些企业的管理者们的创新意识有关。

迈克·威尔费利是威尔费利家族公司的第四代首席执行官，这是一家生产、供应采矿与化学工业的工业唧筒的国际公司。

在他的办公室里，有会议区、会客区和工作区，整齐的文件可以随时翻阅。在一个角落里，在一块四英尺见方的厚塑料板上，摆放着机械唧筒的金属部件。六七块部件并排摆着，非常干净，就像你在机械师车间的角落里看到的一样。

当有人好奇地问起时，他解释说："我们出售的产品就是由这些部件构成的，我每天都要看几次。我经常问自己，我们如何进一步改善这些设备呢？是否可以把它们做得更小一些？是否可以用别的材料？由于我们经常看到这些部件，所以它们始终在我心里。我虽然不是工程师，但公司是由我管理的。"

威尔费利充满了创新的思想，因此，公司在他的领导下不断地取得成就，从而也证明了他的创新思想是多么重要。

积极创新，往往能为企业带来巨大的利润。不妨以拍电影为例，看看创新是如何赚到巨额利润的。

每到岁末年关，以贺岁为招牌进行市场化运作的电影便会蜂拥而至。从演员到导演，从导演到制片人，无一例外地瞄准了这块“硕大肥实”的蛋糕。因为，带有浓重市场行为的“贺岁片”是演员“一夜成名”的大舞台，是导演“功成名就”的垫脚石，更是制片人票房收入的摇钱树。“哪里有利益，哪里就有战场。”这个商界中不变的定理在这里同样适用。

贺岁片真正在中国内地大张旗鼓地制作并吸引众多人的注意是从1997年开始的，其领跑者是冯小刚。当时，北京紫禁城影业公司和冯小刚推出了《甲方乙方》，夺得3000万元人民币的票房，轰动一时。此后，冯小刚又接连推出《不见不散》《没完没了》《手机》《天下无贼》等影片，票房连连攀升，冯小刚因此稳坐贺岁片的头把交椅，执掌贺岁大旗。

有人曾这样评价冯小刚，他可能不是中国唯一的商业电影导演，但他绝对是当代中国导演中最懂商业电影的。这个评价非常中肯。因为冯氏电影获得成功最重要的原因是，他找准了自己的市场定位，还开创了一个先河——把导演从幕后拉到了幕前，去让观众和市场进行选择。在自身品牌意识渐强的情况下，冯小刚等还适时融入了“花哨”的营销手法，从而形成了后续效应，让人们一说到贺岁片，立刻会把电影和很多事件营销结合在一起。

比如，电影《天下无贼》在宣传的时候，就举办了募捐晚会。同时，在电影中根据情节的需要，适时穿插了一些商业广告。《天下无贼》中刘德华和刘若英开着宝马车在荒原上发生争执，这时候驶来一辆大货车，两辆车有惊无险地擦身而过。这辆大货车正面和侧面写满了“长城润滑油”。刘德华和刘若英来来回回塞一张银联卡，而且每次都给那张卡一个特写。众贼们扮成旅行团到寺庙偷香客，打的旗子上写着“淘宝网”，等等。这都在无形之中给冯氏电影增添了“经济”动力。

有创新才有大利润。冯氏电影在电影中和电影外的各种小创新，为冯氏的每一部电影都带来了巨额的利润。事实上，有创新才会有大利润。积极而合理的创新会帮助企业找到使利润大幅度增长的蓝海。根据众多企业领导者的经验，创新可以从以下几个方面入手。

1. 解决影响最大的问题

任何一件事情的变化和发展都可能受到员工的极大关注，尤其是与员工切身利益有关的事情更应如此。作为一个企业领导者，要善于综观全局，把握形势，既要关心政治、经济和社会的稳定，又要密切联系员工，求得员工的理解和配合。

2. 清除工作中的主要障碍

在众多工作中必定有一个对全局起着决定性影响的工作，它的进展直接控制着全局的势态，决定着其他相关问题的性质和解决。卓越领导者的高明之处，就在于能够准确地断定每一时期的中心工作和中心问题，善于抓住主要矛盾，把主要精力放在这个牵一发而动全身的“拦路虎”上，一抓到底，抓出成效，使工作朝着既定目标前进。

3. 抓住关键的部分

有时，工作上出现的问题显得纷繁而乱如麻，似乎令人一筹莫展。富有创造性的领导者应敢于正视这一切，要冷静地进行分析，找出矛盾的主要方面。在一项工作的进展中，要区分主要环节和一般环节。虽然有些事看起来并不一定是大事，但却可能是实现整个目标过程中的关键环节，必须着力抓好。

赖利·包熙迪说过："善于创新使落实力度更大，速度更快，效果更好，创新能力强的人，往往也有卓越的落实力。"

墨守成规不会有好收成

> 一味地墨守成规，循规蹈矩，只能让我们裹足不前。要想有所发展，有所成就，就必须能创新并勇于创新，敢于打破一切常规。

我们中的大多数人总是习惯于自觉不自觉地沿着以往熟悉的方向和路径去思考和做事，而不愿意独辟新路，生怕新开辟的路上会存在什么危险。但是，经验虽然是我们的宝贵财富，往往也束缚了我们的思维，成为了我们头脑中的无形枷锁。

如果你经常被枷锁束缚，就会变得很像故事中的这个围着邮筒转了一圈又一圈的人：一天晚上有一个醉汉被一堵墙挡住了去路，他摸着墙走了一夜也没走出去。等到天亮时醉汉醒了，才发现原来昨天摸着走了一夜的墙竟然是一个圆形的邮筒。

我们头脑中的枷锁就像这个圆形的邮筒，如果你扶着它不愿放手，就永远走不到想去的地方。所以，在做事前首先要做的就是去打破头脑中的这个枷锁，不要让它束缚了做事的手脚，成为我们的阻碍。

一味地墨守成规，循规蹈矩，只能让我们裹足不前。要想有所发展，有所成就，就必须能创新并勇于创新，敢于打破一切常规。曾经在国外医学界有过这样一则报道：有一个年轻人遇到了一位心跳骤停的病人，他为了帮助病人恢复心跳，于是便自作主张地用水果刀剖开病人腹部，掰断两根肋骨，直接用手挤压他的心脏，正因此病人获得了重生。

我们可以试想，如果这位年轻人拘泥于经验，他就不会自作主张为病人急救；如果他像受到过正规训练的医生那样思考，就会顾虑使用水果刀会不会引发感染，也不会用手去掰断病人的肋骨，更不会直接去挤压病人的心脏。但是在当时那种情况下，年轻人的做法显然就是最好的，正是他的不畏常规让他挽救了一条生命。

但是，我们却经常会被这种思维定式所僵化，固执地认为这样做是好的，而那样做就是不好的。可是在如今这个高速变化着的社会，没有什么是一成不变的，如果我们不能用发展的、创新的眼光去看待问题，我们就会面临着淘汰的境遇。

简单地说，思维定式是一种把自己对待某种事物的观点、分析、判断都纳入了程序化、格式化的思维套路，它会让我们对具体问题的分析判断变得僵化、机械，从而失去了应有的灵活性。当然，对于这种思维定式也并不能全盘否定，因为它毕竟在处理简单的事情时具有一定的快捷作用，但是若对于任何问题都依靠这种思维定式去思考、去做，就会造成很可怕的效果。

如果被这种思维定式所禁锢，一旦面临新情况、新问题需要开拓创新的时候，它就会像一头拦路虎一样横亘在我们面前，用它自身强大的惯性和形式化的结构来阻碍我们。这正如法国生物学家贝尔纳所说的那样："妨碍人们学习的最大障碍，不是未知的东西，而是已知的东西。"

所以，要想成功，在做事的时候就必须能突破阻碍我们的思维定式，不能像故事中的坎贝尔那样墨守成规，把什么事情都当作开锁去处理。

坎贝尔有一手开锁的绝活，他能在极短的时间内打开无论构造多么复杂的锁，而且从未失手。他曾夸口说，1 个小时之内，他可以从任何锁中挣脱出来，只要让他带着自己的特制工具进去。

有一个小镇的居民对此不服，他们有意让他难堪一回，以借此来打击他的嚣张气焰。于是，他们特别打造了一个坚固的铁牢，并配上一把非常

复杂的大锁，他们要请坎贝尔来试试，看他能否从这里成功出去。

坎贝尔想都没想就接受了这个挑战。一走进铁牢，他就迫不及待地取出自己特制的工具，开始工作。半小时过去了，坎贝尔用耳朵紧贴着锁，专注地工作着；45分钟、1个小时过去了，坎贝尔仍然在重复着先前的工作，但他的头上开始冒汗，他并没有像他所说的那样从锁中逃脱出来；2个小时过去了，坎贝尔依旧没有打开这把锁。但当坎贝尔把他筋疲力尽的身体靠在铁牢的门上坐下来时，意想不到的结果出现了，牢门顺势打开了。

原来，小镇的居民根本没有给这个牢门上上锁，那把看似很厉害的大锁不过只是一个摆设而已。

坎贝尔为什么没能打开那把锁？原因就是牢门根本没有上锁。牢门虽然没有上锁，而坎贝尔的大脑却上了一把大锁，在他的思维定式中，只要牢门上有锁就必定是锁上的，可是恰恰这个牢门上的大锁就根本没有锁。所以，任凭他使尽浑身解数也打不开这把锁就一点也不奇怪了。

其实在我们头脑中的枷锁有很多把，要想有所创新就必须把它们一一打破，这样才能在不受束缚的情况下尽情施展创新思维，获得成功。要想打破枷锁，首先要做的就是认识这些束缚住自己的枷锁。

1. 从众心态

我们很容易受别人观点的影响，当你把一个经过深思熟虑的想法告诉朋友时，如果他说："你错了！"也许你会不以为然；当你再告诉第二个朋友时他还是说："你错了！"你就会有些动摇；当第三个人还是对你说错了的时候，你就会觉得自己真的错了，从而就很可能彻底推翻了这个可能是正确的观点。

这是一种很要不得的心态，它严重束缚了创新。很多时候，真理并不总是掌握在大多数人手里的，如果你相信自己是对的，就要敢于坚持自己的观点。

2. 尽信权威

古人说，尽信书不如无书。权威或是书本并不总是正确的，毕竟他们还会受到当时客观环境的影响。所以，当我们自己实践得出的结论和权威不同时，不要随便怀疑自己，而是在经过多方考证和认识的基础上再去判断事情的真相。

虽然大部分的权威都是正确的，但是也并不能对所有的权威论断都全盘接受。

3. 过往的经验

经验主义同样是一种严重束缚创新思维的枷锁，它和权威枷锁一样，都阻碍了创新的进一步发展。如果长时间受困于这种经验，就会变得故步自封，无法进步。

这种枷锁的另一个表现是，当得到了一个答案后，就不愿再去深究一步得到更多、更好的答案。

4. 求稳心理

这是一种从内心深处不愿冒险的心态，这种心态希望所有事情都能按部就班、井然有序的发展，一旦出现任何变化都会从内心深处感到恐惧，因此就会杜绝任何“创新”之类的字眼。

拥有这种心态的人就会安于现状，但是在如今社会中就如同逆水行舟，不进则退。如果总是这样求稳，就必然会被淘汰。

所以，我们在做事时就要能够打破这些束缚我们思维的枷锁，为创新思维冲出一片不一样的天空，敢于打破一切不合理的常规，敢于改变任何不适宜的东西。因为，墨守成规是不会给你带来任何收获的。

智慧的模仿就是创新

做事要想成功就必须创新，而成功的创新往往是从模仿开始的。

模仿可以分为两种，一种是简单照搬的模仿，基本上不经过大脑；另一种是智慧型的模仿，即在模仿他人的时候充分发挥自己的主观能动性。而创新需要的就是这后一种的智慧型模仿，在充分发挥、肯定自我的基础上，学习别人的先进经验，并不断寻找更多、更灵活、更有效的方法。

善于智慧的模仿的人之所以能够成功，就是在于他们能够从优秀的模仿对象身上发现他们最核心的优势，并加以学习。于是被模仿的人越优秀，智慧型模仿的人也就越优秀，就如亨利·福特在与爱迪生结为至交后，他也开始个人发展的突飞猛进期；而在他结识了弗史东、柏劳斯和伯班克之后，福特成就了“汽车大王”的威名。这恰恰就是因为他能将这些被模仿者的聪明才智、知识经验和精神力量集合起来，并在自己的脑海中整合创新，从而成就了自己的事业。

所以，我们可以得出这样一个结论：巧妙、有效的模仿是经过大脑整合的，而不谙此道、一味模仿的人则会窘态百出。下面这个故事更是很好地证明了这个道理。

一天，马克的叔叔给他讲了这样一个故事。

有一个孩子因为很穷，他走进一家银行希望能从中找到一份工作，很可惜他被拒绝了。于是他一声不吭地离开了银行，在银行门前的台阶上他弯腰从地下捡起了一样东西，银行家本以为他要用石头掷自己，看到的却是孩子将捡起的东西装进了自己的口袋。

“过来，孩子！”银行家叫道，“你捡的是什么？”

“一个别针呗！”孩子诚恳地回答。

“你是个乖孩子吗？是否上过主日学校？”银行家又问道，没等他回答便用金笔写了个“St. Peter”问小孩是什么意思。

“咸彼得。”孩子并没上过主日学校，所以他把“Saint”的缩写“St.”误认为是“Salt（咸的意思）”了。但银行家并没有责备这个小孩，相反还让他做了自己的合伙人，分给他一半的利润并最终把女儿嫁给了他。后来，他拥有了银行家的一切。

马克听完这个故事感觉很有启发，他也想有这样一番奇遇。于是，之后的6个星期里他每天都去银行的门口找别针儿，他期盼着有位银行家也能把他叫进去，问：“你是个乖孩子吗？”然后问自己“St. John”是什么意思，于是他就会回答“咸约翰”，接着银行家便会让自己做他的合伙人并把女儿嫁给自己。

终于马克等到了这一天，当他捡起别针后，一位银行家发现了他，便问：“小孩儿，你捡什么呀？”

“别针儿呀。”马克谦虚有礼地说。

“让我瞧瞧。”银行家接过了马克递给他的别针。马克为此非常兴奋，并摘下帽子准备跟着他走进银行，变成他的合伙人，再娶他女儿为妻。可是，事情并没像他预想的那样继续发展。银行家看了一会儿别针对他说：“这些别针是银行的。你快点离开，要是再让我看见你在这儿瞎转悠，我就放狗咬你！”

马克的错误就在于他不过是模仿了故事的形，却没能掌握到它的精髓。智慧型的模仿要求我们去探究别人成功的深层原因，而不只是单纯地去模仿“捡别针”这一表面的动作。模仿要想做好，就要能做到以下这三点：

（1）创新不反对模仿，但拒绝生硬的模仿，模仿要有智慧。

（2）模仿并整合别人的经验，向他们学习成功的本质原因，而不能流于表面。

（3）不要等着天上掉馅饼这样的好事，要积极开发自己的潜能。

世界上最大的体育用品公司耐克多年前就是靠着这种智慧型的模仿而最终走向成功的。30多年来，耐克体育用品在全球畅销不衰，而他们靠着自己卓有成效的模仿策略从一家小作坊成功起家的故事，也十分具有传奇色彩。

耐克成功的关键因素就是卓有成效的仿效。

耐克在跑鞋市场的营销策略就是模仿阿迪达斯公司所推行的策略，即生产型号多样的跑鞋，并在重大体育比赛中赞助运动员穿用带有公司标志的产品，同时不断促使产品更新换代，不断推出新产品。

而在耐克的经营策略上也是沿袭了阿迪达斯公司的成功策略：①集中力量试验和开发更好的鞋；②在世界各地扩大生产线以此吸引消费者；③使用明显易辨认的标志；④利用著名运动员和重大体育比赛宣传。而耐克公司使用的其他经营策略，如把大部分的生产任务承包给成本较低的外国工厂加工，也是模仿其他企业的经营策略。

但是耐克之所以成为体育用品市场上的金字招牌，就是在于它能将这些早已被证明行之有效的经营技巧应用的得心应手，比其他原创者、被模仿者都运用的更好。

耐克公司的成功就在于它善于运用智慧的模仿方式，善于把别人已经证明了有效的策略更好地应用于自己的经营中。试想如果他只是单纯的模仿，那么即便模仿得再好，也无法超越阿迪达斯公司取得的成绩。而如今，就是因为这种智慧型的模仿，让它成为与阿迪达斯公司并驾齐驱的强者。

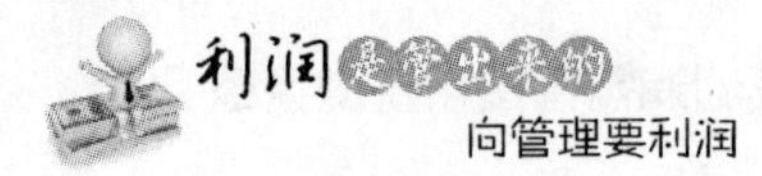

由此可以看出，如果要想成功创新，取得显著的成绩，就要做这种智慧型的模仿者。而要成为智慧型的模仿者就必须学会发散性的思维方式。发散思维是一种对一个问题用不同的角度和方法去思考，并从多方面提出解决方案，寻求多元化解决办法，以期获得最优答案的思维方式。这种发散的思维方式有助于避免考虑问题的单一性，能从多角度提供做事的思路，帮助突破传统思维方式，获得创造性的成果。

那么我们该如何开发自己的这种发散性思维呢？根据奥斯本提出的方法，主要有下面8种途径。

（1）功能发散：即以某事物的功能、作用为发散点，尽可能多的去设想获得该功能的方法。

（2）方法发散：即以我们解决问题的某种方法为发散点，尽可能多的去利用某种方法的各种可能性。

（3）组合发散：即以某一事物为出发点，其他事物依次为发散点，尽可能多的去设想与其他事物结合而成的具有价值的新事物的各种可能性。

（4）关系扩散：即从某一事物出发，以此为发散点，尽可能多的去设想与其他事物的各种关系。

（5）材料发散：即以制造某种物品的材料为发散点，尽可能多的去设想它的多种用途。

（6）结构发散：即以某种事物的结构为发散点，尽可能多的去设想利用该结构的各种可能性。

（7）形态发散：即以某些事物的形态为发散点，尽可能多的去设想利用某种形态的各种可能性。

（8）因果发散：即以某种事物发展结构为发散点，尽可能多的去推测发生的原因或结果。

通过以上8种途径，就可以不断训练自己的发散性思维。那些成绩卓越之人，都是善于从模仿中汲取精华的，因为他们清楚地知道：模仿只是

用来拓展自己的思路、增强透视力的，而模仿之后的创新才是自己所追求的目标。

将价值创新转化为竞争优势

企业价值观是企业文化的核心，它渗透于企业经营管理的各个环节。不断推进企业文化创新，以文化创新带动价值观念的创新，这对提高企业竞争力具有决定性作用。

管理学家德鲁克更加坚信自己一贯的主张。他认为，管理的全过程就是使个人、社团和社会的价值观、志向和传统为了一个共同的经营目标而成为生产过程的有机部分。

企业价值观的“魔力”已被越来越多的管理人士所认识。如果管理不能成功地使价值观发挥作用，那么企业的兴旺和长远发展就不可能实现。成功的企业家都应使企业形成群体的巨大力量，这样才能立于不败之地。

松下幸之助就常常这样向企业员工阐述企业价值观对企业生存发展的重大意义。他指出，许多西方人常常嘲笑日本公司和组织公开承认自己为之献身的更高目标，认为，这种追求最高价值观的号召只不过是一种并不高明的伪装伎俩；然而，一个西方的企业，例如 IBM，如果真的能够使它的成员去思考或相信 IBM 就意味着服务，那么它就不再仅仅是一个广告性的口号，它就成为企业中所有雇员的信念，或是他们为之奉献出劳动一生的、超越利润的人生价值观。

什么是企业最高价值？对企业有价值的东西很多，这类对象不仅可以是一套先进的生产设备等物质客体，也可以是思想观念，例如“顾客就是上帝”等口。企业本身的价值也有很多，既可以是物质价值，同样也可以是精神价值，即企业不仅需要造出新产品，也需要进行观念上的创新。这些对于企业有价值的东西以及企业本身所具有的各种各样的价值，集合起来就成为一个企业的价值体系。企业价值观是对企业最高价值的表述，不可能囊括企业价值体系中的各个方面，有时，我们必须进行一定程度的取舍，从而寻找出本企业最重要的价值。通过对许多成功企业的考察，管理专家们给出了如下的企业价值次序。

（1）人的价值高于一切。企业的价值就在于关心人、培育人、满足人的物质和精神的需要。同时，对于那些要获得成功的企业来说，最有价值的因素不是物、不是制度，而是人。

（2）共同的价值观念、经营观念等软因素的价值要高于硬管理因素和其他软管理因素的价值。这典型地表现在麦肯锡 7S 框架的表述之中："我们认为共同的价值观对一切企业都是非常重要的，它可能是大公司最为保密的'秘密武器'。"7S 框架认为："在企业经营中，例如，技术力量、销售力量、资金力量以及人才等，虽然都是重要因素，但最根本的还是正确的经营理念。"信念的重要性远超过技术、经济资源、组织结构、创新和时效。

（3）为社会服务的价值高于企业利润的价值。这是因为一方面，企业的目的、使命和价值，在于向社会提供物美价廉的产品和优质服务，利润不应成为企业的最高目的，只应视为社会对企业的酬报；另一方面，调动企业人员积极性的最有效手段，也不是利润指标，而是为社会多做贡献的使命感。

（4）共同协作的价值高于独立单干的价值。理由很简单，因为共同协作适应现代企业生产的社会性。

（5）集体的价值高于自我价值。企业实际上就是一个集体，如果个人要自我膨胀，在企业中总会产生失落感。

（6）普通岗位的价值高于权力的价值。在企业组织中，最清楚事情应

该怎么办的是一线工人，凡人创造生产率，而权力仅是权力，并不会给人带来知识。

（7）企业知名度的价值高于利润的价值。日本盛田昭夫认为：牺牲利润来提高企业知名度，不但可以开始谱写本企业的历史，最终也可以获得更多的利润；牺牲知名度而攫取利润，就永远不会有本企业的历史。

（8）维护职工队伍稳定的价值高于赚钱的价值。一个繁荣时期“招聘”、萧条时“解雇”员工的企业，不仅不能赢得人心、不能保住人才，更不能形成企业共识。在萧条时不解雇员工，企业虽然会牺牲一些利润，但留住了人才，赢得了人心，达成了共识。拥有人才、赢得人心，企业就能赚得更多的财富。

（9）顾客第一，员工第二，第三、第四也就是最后才轮到股东。

（10）用户的价值高于技术的价值，应该靠用户和市场来驱动，而不是靠技术来驱动。用户的建议总是最为经济实惠的，这便是服务的黄金定律。

（11）保证质量的价值高于推出产品的价值。因此，就采用未经证实的新技术来说，许多企业都愿意在“市场上以甘居亚军为荣”。

（12）集体路线的价值高于正确决策的价值。因为重要的不是决定本身而是人们对于决定负责和了解到何种程度，否则，最好的决定也能被搞坏，正像最坏的决定也能搞得不错一样。

（13）顾客第一，家庭第二，工作第三。

这些企业价值次序，来源于许多成功企业的实践经验，而并非纯理论的推导。它们不一定对所有企业都适用，因此，一个企业在确立自己最高价值时，可以根据本企业的实际情况及企业未来发展进行考虑。当然这并非是对这一企业价值次序的全盘否定，对许多尚未完全把握企业价值意义的企业而言，它的指导意义仍是毋庸置疑的。

当前，企业文化创新出现了一些新趋势。准确理解和把握这些趋势，有助于从根本上解决一些企业因文化建设与经营管理脱节而缺乏竞争力的顽症。

1. 确立双赢价值观

在传统市场经济条件下，企业奉行非赢即输、你死我活的单赢价值观。这种价值观虽然迫使企业更新技术和产品，但也滋生为打垮对手而不择手段以致恶性竞争的弊端。以高科技为基础的知识经济的崛起，在使这种狭隘价值观受到致命冲击的同时，也催生出与新的经济发展要求相适应的双赢价值观。一个企业只有奉行双赢价值观，才能不断地从合作中获得新知识、新信息等创新资源，提高自身的竞争实力，从而在激烈的竞争中左右逢源，立于不败之地。

2. 选择自主管理模式的趋势

传统的企业管理模式，将人视为企业运营过程中按既定规则配置的机器零件，忽视人的自主精神、创造潜质和责任感等主题能动性作用；在管理过程中，较多地依赖权力、命令和规则等外在的硬约束，缺乏凝聚力。随着市场竞争的深化，人的主体价值在企业中的作用日益重要，旧的管理模式越来越难以适应新的竞争形势，而体现人的主体性要求的自主管理模式逐渐成为企业的自觉选择。新模式以先进的文化理念为核心，充分尊重人的价值，注重发挥每一个员工的自主精神、创造潜质和主人翁责任感，在企业内部形成一种强烈的价值认同感和巨大凝聚力，激发员工的积极性，并通过制度安排，实现员工的企业统一目标下的自主经营和自我管理，进而形成企业创新的动力和创新型管理模式。

3. 既重视高科技又“以人为本”

科技革命和人本身的进步总是相伴而行的，二者相辅相成，企业创新

过程离开了哪个方面都难以达到目的，企业的竞争力也难以得到真正提高。有学者指出：高科技可以在一个阶段成为企业制胜的法宝，但更深层次的竞争最终应该是在理念方面，“科技以人为本”这句话就包含了这层意思。这一见解反映了随着高科技的发展，现代人对生产和消费日趋强烈的人性化要求。在这一背景下，企业创新只有把高科技与“以人为本”密切结合起来，才能提供既有高科技含量又充满人性关怀的新产品、新服务，才能开拓新的市场空间。

努力克服文化变革的阻力

尽管组织变革可能是有益的，但是组织中的人们也会极力反对。在今天，应对变革已成为每一位领导者工作中不可分割的一部分，一名优秀的领导者应当清楚该如何去减弱变革中的阻力，以确保明天的胜利。

为了使组织的效果得到改进，领导者往往要去发动变革。然而，变革可能对管理者及普通员工造成威胁，因此，变革就会受到某种程度的抗拒和干扰。领导者要顺利地实施组织变革，就必须采取积极有效的措施，消除或减弱这种阻力。

人们通常认为，大多数人都会反对不能给他们带来利益的变革。经研究发现，使人们反对变革的原因有三个：不确定性、关心个人得失，以及认为变革不是为了组织的最佳利益。

变革会使已知的东西变得模糊不清和不确定。例如，在制造厂中引入新技术，往往意味着员工需要学习新的操作方法，而有些人可能担心自己学不会，由此对新的技术产生敌视的态度，并极力反对组织引进新技术。

对变革形成阻力的第二个原因是担心失去既得利益。变革会威胁到人们为取得现状所进行的投资。人们对现有体制投入得越多，他们反对变革的可能性就越大。为什么？因为他们担心失去现有的地位、权势、友谊、个人便利或其他他们所看重的福利。这也就说明了为什么老员工比新员工更加反对变革。

IBM 公司前 CEO 郭士纳在打破地域分割各自为政，组建拥有全球性团队的全球公司时，遭到了那些国家区域经理的强烈反对，这种阻力就是由于变革损害了他们的既得利益而引起的。

到 1995 年年中时，郭士纳已经准备好推行新的举措了。他以客户为基础，将公司划分成 12 个集团：11 个行业集团和 1 个涵盖中小企业的行业集团，并给所有这些行业集团分配了财务会计人员，而且宣布该集团全权负责所有的预算和人事安排。这时，各个国家区域经理的反应非常迅速："这绝对行不通。"或者是："你会毁掉公司的！"而当时的欧洲区总负责人则干脆利用中央信息节点中途拦截了郭士纳定期发送给全世界的 IBM 员工的电子邮件。

郭士纳在他的回忆录《谁说大象不能跳舞》(*Who Says Elephants Can't Dance*) 一书中写道：

我绝不会忘记欧洲的一个特别固执、而且是善于捏造的 IBM 国家区域总经理，他就是拒绝承认：在他所负责的国家中的大多数 IBM 员工都已经开始加入新的编制，并向全球领导人直接汇报工作。每当新的全球性领导人走访他的新团队时，这位国家区域总经理都会纠集一帮忠于自己的信徒，让他们充当新领导人走访的对象，并对他们说："今天在座的各位都是数据库专家，那就谈谈数据库吧。"或者在第二次走访时，他又会对自己纠集来的一帮人说："今天你们都是保险行业的专家。"我们最终识破并且结束了他们的伪装。

阻碍变革的最后一个原因，是人们认为变革组织的目标和最佳利益不符。如果一个员工认为新的操作程序将造成生产率或产品质量下降，那他就极有可能反对这项变革；而假如这个员工能正面地表达他的反对意见，清楚地告知变革推动者，并提出证据，那么这种阻力就可能对组织有益。

要想克服变革的阻力，顺利的实施变革，就要求管理者首先应当确定有害的变革阻力，然后可以参考下面的六种策略，恰当地运用这些措施，将帮助管理者或其他变革推动者有效地处理阻碍变革的力量。

1. 沟通和教育

与员工们进行沟通，帮助他们了解必须进行变革的原因，可以有效地降低阻力。当阻力的根源在于信息失真，或者是由不良的沟通造成时，这种策略具有明显的效果。在这种情况下，可以通过个别会谈、备忘录、小组讨论或报告会等途径，让员工了解到全部的事实，改变他们的错误认识，阻力也就自然减退了。但假如阻力的根源不在于信息失真和不良的沟通，这种策略就不会取得成功。另外，这一策略要求投入相当多的时间和精力，因而决定是否采用时应当相对其优点进行权衡，尤其是当变革触动到许多员工时更应该注意这一点。

2. 让人们参与

一个人要是参与了变革的决策，他就比较不容易形成阻力。因此，在决定变革之前，可以将持反对意见的人吸收到决策过程中来。而如果参与者能以其专长为决策作出有益的贡献时，那么，他们的参与就能在降低变革阻力、取得支持的同时提高变革决策的质量。当然，参与者的专长也许并不能对决策产生多少有益影响，这时，这一策略就会表现出它的缺陷，即可能带来次等的决策，并耗费许多时间。

3. 提供支持措施

当员工对变革的恐惧和忧虑很强时，变革推动者可以通过提供一系列支持性，例如提供员工心理咨询和治疗、新技能培训以及短期的带薪休假等措施来促进他们的调整，从而减少阻力。当然，这一方法与其他途径一样，也是有缺陷的。缺陷之一是消耗时间，另外，其推动花费也比较大，而且没有成功的把握。

4. 与他们谈判

当阻力集中在少数有影响力的个人中时，变革推动者可以通过谈判形成某一奖酬方案，使这些人的需要得到满足，从而达到降低阻力的目的。尤其是当阻力来自于某权力源（如工会）时，这种策略则更为适用。但这种办法潜在的高成本不容低估。它还有一个危险，即一旦变革推动者为克服阻力而作出让步，他也就可能面临其他有权势者的勒索。

5. 操纵与合作

操纵是通过施加影响来降低阻力。例如，有意扭曲事实而使变革显得更有吸引力，隐瞒变革可能带来的不利影响，制造谣言使员工接受变革等，这些都是操纵的实例。一个公司的管理者可能威胁说，如果员工们不接受全面的工资削减方案，他就要关闭这家工厂，尽管实际上并无关闭工厂的打算。他们这时就是使用了操纵策略，当作是介于操纵和参与之间的一种形式。它通过“收买”反对派的领袖人物参与变革决策来降低阻力。此时，征求这些领袖人物的意见，并不是为了达成更好的决策，而是为了取得他们的允诺，降低阻力。相对来说，操纵和合作这两种方法的使用成本不高，也便于力争得到反对派的支持，但其欺骗或利用的意图若被察觉，往往就容易适得其反。一旦诡计被揭穿，变革推动者的威信也就会一

落千丈。

6. 强制策略

强制策略即直接对抵制变革者使用威胁和控制手段。比如，一个公司管理者真正下定决心，一旦员工们不同意削减工资就关闭这家工厂，这时就是使用了强制策略。强制的其他例子包括调换工作、不予升职、负面绩效评估，以及不友善的推荐信等。强制策略的优点类似于操纵和合作。但其主要缺点是，强制通常是不合法的，即使是合法的，也往往被看成是一种暴力，从而使变革者的威信受到损害。